即答力

松浦弥太郎

朝日文庫

本書は二〇一三年十月、小社より刊行されたものです。

Prologue

なぜ今、「即答力」が必要なのか

「成功の反対は失敗ではなく、何もしないということだ」

この言葉はずいぶん前に僕の心の真ん中に打ち込まれ、長い間、自分を支える梁《はり》のような役目を果たしています。

あれはアメリカでのこと。一〇代の終わりに渡米し、二〇代の初めにかけて一人あてどなく過ごしていた僕は、チャレンジしなければ存在していないのと同じなのだと、体で学ぶことになりました。

アメリカという文化の中では、発言しない、何もしないということは、コミットしないということです。しかし、当時の僕はまだ若くて、何も知らないし英語もできない。コミュニケーションのやり方も知らない。そもそも日本的な甘えた感覚しかもっていなかったので、いつも「待ちの態勢」でいました。

何かの集まりに参加するなら、誰かに呼ばれないと始まらない、と信じていました。誘ってくれる人をじっと待っていたのです。チャンスが仮にあるなら、ある日誰かがやってきて、手を引っ張ってもらえるはずだと思っていました。

アメリカでは、そんな僕を気にかけてくれる人、「どうしたの?」と連れ出してくれる人は、残念ながらいませんでした。泣きながら歩いている幼い迷子なら、親切な人が声をかけてくれたでしょう。でも僕は、若いとはいえ大人でした。黙っている大人など、周囲は気づきません。その存在すら認識することもないのかもしれません。いつしか僕は〝風景〟になっていたのでしょう。それに気がつくのにしばらくかかりました。

あるとき、僕は考えました。

「自分はなぜこんなふうに、何に対してもコミットできないのか」
「チャンスに出合えないし、前に進めない。なぜ次の新しい景色が見えないのか」
「自分なりに考え、意見したいこともあるけれど、なぜ発言の場や機会がないのか」

考えて、考えて、考えた挙げ句に、僕はようやく気がつきました。

僕がかつて滞在していたアメリカという国では、仕事に限らず、コミュニケーションにおけるさまざまな場面で、たとえていうなら〝野球の試合〟みたいなものが行われているのだと。その試合には誰でも参加できて、参加する・参加しないは個人の自由。参加するにはただ「やりたい！」と入っていけばいいだけです。

それなのに、うずくまったままその場に入っていかない自分がいたと気がついたのです。

ここで言及した〝試合に参加する〟とは、社会や人にコミットするということです。

コミットすればチャンスはいくらでもあり、新しい世界が広がります。試合に参加してプレイすれば、自分の意見を述べることもできるし、人の意見を聞くこともできるのです。逆に言えば、試合に出ないと人とのかかわりはいつまでたっても薄いし、実感として自分が得るものも少ない。あくまでも観客でしかなく、ささやかな達成感すら、得ることはないのです。

自分が何をしたくて何をするべきなのか、まだ若かった僕にはわからなかったけれど、「何でもやってみよう。野球でもサッカーでも、何でもいい。やっぱり試合には参加するべきだ」と本能的に悟ったのかもしれません。

僕はやがて、「待ちの態勢」でいた自分の殻を破り、自ら人にかかわり、いろいろな試合に〝参加する〟ようになりました。すると、アメリカでは、コミュニケーションの一つとして、誰に対しても広くチャンスが与えられるということがわかりました。

思いがけない人から「頑張れ」と声をかけられたり、「やってみれば」と勧められたり。

それは僕が優秀だったわけでも、運がよかったわけでもないのです。「あなただから」と選ばれるわけでもなく「あなたはだめ」と拒絶されるわけでもない。まず自分から発言し、心を開き、コミットして、〝試合〟に参加する。参加すれば誰にでも声がかかるし、誘われるし、チャンスが巡ってくる、そういう仕組みだったのです。

チャンスをつかむかどうかは、ふと自分に声をかけてもらったとき、「即答」できるかどうか。すなわち、「こんなことがあるけれど、やってみないか?」と言われたときに、イエスかノーかを真っ先に、はっきりと答えること。「誰かやらない?」とみんなに声がかかったなら、真っ先に「僕がやります！」と手を挙げること。

瞬時に判断し、即答できるかどうかが、チャンスをつかむための分かれ道です。

人生の至る所で行われている〝試合〟のさなか、チャンスというボールは常に飛んでいます。即答とはそれを真っ先にキャッチしたり、打ち返すために思い切りバットを振ったりすることです。

目の前のことに即答するかどうかで、すべては変わる。このルールを知ってから、僕の人生は変わりました。アメリカで僕が学び、ずっと実践してきたのは、即答力を発揮し、鍛えることでした。

「アメリカで学んだ一番大きなことは？」という問いに答えるとしたら、僕は「即答」と即答します。「アメリカで何が必要でしたか？」と尋ねられたときも、すぐさま「即答」と返すと思います。即答するとは、素早く反応することでもあります。反応がある人のところに仕事も人も運もチャンスもやってくる――これは何かをやり遂げるための原理原則だと、アメリカで学びました。

僕は一〇代から自分で仕事を始め、社会にコミットし始めて三〇年以上になります。その間、仕事においてもコミュニケーションにおいても、役に立ったのは即答力でした。アメリカに行って必然的に訓練せざるを得なかった即答を、学び続け、身につけ、磨き続ける。日本でも即答することが、今の自分にとって大きな力になっています。

これまで即答があまり重要視されていなかった日本でも、すでに即答が必要な時代となっています。欧米ではまずイエスかノーかを即答しないと話がスタートしないことはよく知られていますが、グローバルな今の時代に、そのルールはすでに世界中で適用されていると思うのです。日本企業でもそうしたコミュニケーションのスキルが求められるケースは増加しているのではないでしょうか。

また、仕事でも人間関係でも、即答することで人と深くかかわれます。さまざまなチャンスを手にできます。結果として人生を豊かにできると思うのです。

即答とは、ただ素早く答えることではありません。わからないのに教室でわれ先にと手を挙げる、子どものようになれという話でもありません。いかなるときにも即答するためには、経験と思索、そこから生まれた自分だけの知恵や情報、その他いろいろなものが必要です。失敗を繰り返した試行錯誤と努力から即答力が少しずつ身についていきます。いったん身につけば終わりというものではなく、日々磨き続けなければ鈍ってしまう力とも言えるでしょう。

本書は、できるだけ具体的に実践的に、即答力を身につけるためのものです。僕自身、今も日々鍛錬を繰り返しているので、実際に役立ったことのメモや、これから試してみたいことのメモを、みなさんとシェアするつもりで書いていきます。特に仕事に活用する方法については、詳しく言及しようと思っています。

あなたがこの本をきっかけに、どうか即答してくださいますように。

即答力

目次

Prologue
なぜ今、「即答力」が必要なのか……3

Part 1
「即答力」とは何か

グローバル時代に向き合うということ……26
即答する姿勢が世界を変える

ドアはいつでも開いている……31
即答力でチャンスをつかむ

自分を「ニーズ」に近づける作法……37
即答力で社会にコミットする

根底に流れる感謝と思いやり……42
即答とは相手を喜ばせること

コミュニケーションはキャッチボール……47
次の問いが返ってくる即答をする
思索という「誠実」を忘れずに……50
「答えられない」と答えるのも即答力

Part 2
「即答力」を身につけるには

大切なのは、目標よりも習慣……56
即答力には「準備」が重要
自分という「サイズ」を知る……60
即答するためのバネをもつ
スピード感と勇気をもって行動する……63
即答力で先手を打つ

一五分前を基本とする……68
朝から「即答できるリズム」をつくる
「今」の時間設定を変える……71
即答力のスピード感覚を身につける
好奇心がコミュニケーションの基本となる……74
即答するべき「チャンス」を見逃さない
合わせ過ぎない 同調しない……77
人の目を気にすると即答力は身につかない
常に問題意識をもつ……80
ニーズを掘り起こして即答する
常に質問を続ける……83
即答力を身につける、「なぜ、なに、なんだろう」
「謙虚という素養」を身につける……89
自分から御輿に乗ってはいけない

Part 3

「即答力」を鍛える

情熱と使命感をもつ……94
社会と自分の距離を縮める

すべて「自分のこと」として取り組む……97
核心に触れることが即答のスタンス

自分からおもしろがる……100
どんな経験もコントロールする方法は「先手を打つ」にある

失敗を恐れない……103
チャレンジから大いに学ぶ

疑問で自分をアップデートする……108
現状に満足すると成長が止まる

世界を照らすのは「静かなエネルギー」……113
口が堅いことが「成功する人」の条件となる

「身の丈」のストレッチをする……118
多少無理をすれば世界は広がる
「相手にとって大切なこと」を考える……121
日常の会話からその人の価値観を知る
「応援のムーブメント」を起こす……126
即答力でレベルアップすれば求心力がつく
ベーシックから本質を見つける……131
すぐに成果が出ないことを繰り返す
偏見と否定を捨てる……134
ポリバレントな人になるために

Part 4

「即答力」を仕事に生かす

即答という自信と誇り……140
自分の中に拠り所をもつ

もう一度会いたい人になる……145
横のつながりが人生を豊かにする

繰り返さない、積み重ねる……150
今に即答し、具体的にほめる

優先順位を入れ替え続ける……153
柔軟性と判断力が即答の原動力

ミスを素早くリカバーする……158
素早く顔を見せることが即答になる

まずは自分を客観視する……161
リアルな「他者評価」を利用する

仕事の目標に「日時」をつける……164
即答の基本は具体化と数値化
打ち合わせの「目的」を決める……167
無駄なミーティングをなくす最良の策
企画書は「三対七」で……170
素早く読めるように気遣って書く
いつだってメモを忘れない……173
即答の基礎となる習慣をつくる
〝ホウレンソウ〟は自分から……176
聞かれる前に先手を打つのも即答のうち
身だしなみで自信をつける……179
スタートラインで後れをとらない
いつも相手を尊重する……182
人の名前を覚え、話は決してかぶせない

メールは短く・早く……185
即答し合うようなやりとりをする
言葉のセンスを身につける……190
即答の道具を磨いておく
「財布は一つ」という意識を変える……195
新しい働き方を模索する

Epilogue
チャンスを逃さないために……198

文庫版あとがき……203

即答力

Part 1

「即答力」とは何か

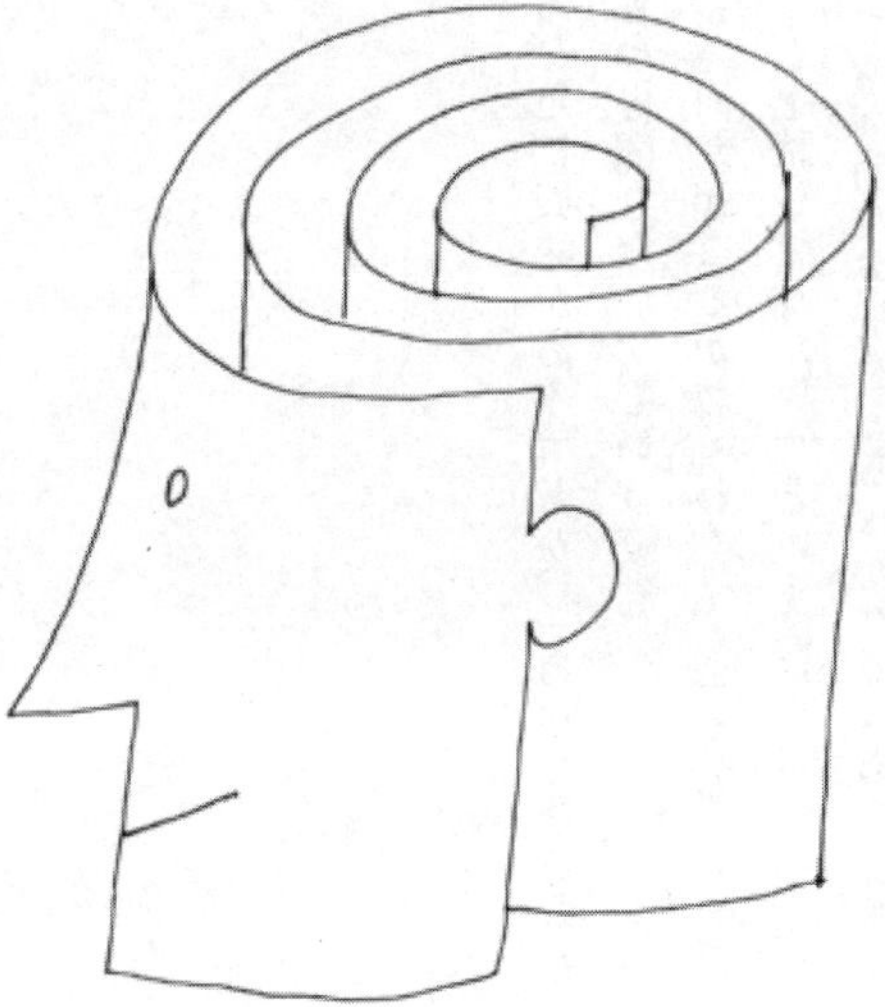

グローバル時代に向き合うということ

即答する姿勢が世界を変える

即答力とは姿勢です。

人に対してであれば、「あなたに興味がある」とか、「あなたを尊敬している」とか、「あなたの話をもっと聞きたい」という姿勢。

出来事に対してであれば、「何が起こるかわくわくする」とか、「チャレンジしたい」とか、「新しいことを試してみたい」という姿勢。

いい人、いいことに対して積極的な姿勢をとるばかりではありません。即答力とは、「自分に起こり得るすべてのことに対する感謝の気持ち」があったうえでの、前向きな姿勢だという気がします。

感謝の気持ちが根底にあれば、たとえ即答できない場合も、「向き合ってくれている」と相手は喜んでくれるし、物事が動きます。「賛成はできないけど、知りたい、わかりたい」という姿勢があれば、無意味な争いなど起こるはずもありません。

即答する姿勢とは、相手の目をよく見る感じに近いのかもしれません。さらに言えば、まなざしだけでも答えになることが、この世にはたくさんあるのです。

相手の話を、じっと目を見ながらしっかりと聞く。この姿勢だけで、「あなたに対して真剣に向き合います」という答えを提供していることになります。

言葉が違い、文化が違い、習慣が違う人たちとコミュニケーションをとっていかねばならないグローバル時代には、いっそう大切な姿勢ではないでしょうか。

「万国共通のコミュニケーションの基本姿勢こそ即答力」といっていいほどです。

もちろん、必要以上に肩に力を入れることはありません。日常的なことから、少しずつ、即答の姿勢を身につけるといいでしょう。

たとえばレストランでメニューを決めるとき。お店の人が「今日のおすすめは、朝収穫したばかりの季節野菜のサラダです」などと一生懸命説明してくれたら、僕は即決でそれを頼むようにしています。

人間というのは感情の生き物だから、「自分の話を聞いてくれた」と思えばうれしくなります。うれしければ熱心にこちらに向き合ってくれます。ちょっとお水がほしい、パンのおかわりがもらいたいというとき、いちいち「お願いします！」と声をかけなくても、向こうから素早く気づいてサービスしてくれるでしょう。

つまり、「おすすめのメニュー」という相手の提案に即答したことで、食事の時間がとても心地よくなるということ。すると僕のほうもよくしてくれたことに応えたくなり、「食後はお茶だけのつもりだったけれど、デザートも食べようか」となります。あるいは「おいしいうえに、本当に気持ちよいサービスをしてもらえて、楽しい食事になりました」と、お店の人にひと言伝えようという気にもなります。

つまり即答すれば、よい連鎖が広がっていくということです。このやりとりがあれば、お店の人はこちらを覚えていてくれて、次に行ったときにも心を込めたサービスをしてくれるでしょう。それからはお店の人と客ではなく、人と人とのコミュニケーションも生まれるかもしれません。相手の投げかけに即答する、ただそれだけで何かしらのチャンスが生まれたということです。

レストランの例は日常のワンシーンに過ぎず、単純過ぎると思うかもしれませんが、世界とつきあっていくときは、深いつきあいも浅いつきあいも、同じように大切にすることが基本となります。

自分の家族だけ、友だちだけ、会社の人だけ、小さなコミュニティの中だけのコミュニケーションであれば、言葉を尽くしたり、何度も会ったり、あれやこれやと真心込めて力になったりといったことも可能でしょう。長い交流の中から生まれた、お互いに対する理解もあります。しかし、もっと広いグローバルな世界では、すれ違うだけのつきあいもあれば、言葉が思うように通じない、共通の基盤となる文化がないというつきあいもあります。

そんなとき、即答する姿勢でうまくいくなら、なんと心強いことでしょう。「即答力」とは、常に大事にもっているにふさわしいお守りではないかと僕は思っているのです。

ドアはいつでも開いている

即答力でチャンスをつかむ

これからの時代は世界にかかわる、世界で生きる、世界で仕事をしていく必要があります。世界を相手にするとは、「自分は決して特別ではない」と知ることでもあります。

住民が五〇人の小さな村で、あなたは「一番歌がうまい人」だったとしても、五〇〇人の町では同じように歌がうまい人は一〇人います。日本中だったら「まあまあうまい中の一人」かもしれません。世界に出ていけば、自分の〝特別感〟はもっと減ります。

しかし僕は、これを悲しいことだとは思いません。

そもそもスキルというのは、ごく一部の天才やアーティストを除いて、みんなどんぐりの背比べだと思うのです。ある程度の世界、ある程度のレベルに行けば、差がないのはあたりまえだという気がします。

スキルの差がないのに、現実として、選ばれる人と選ばれない人という違いが出てきます。チャンスを手にする人とチャンスを手にしない人もいます。その違いはどこから生まれてくるのでしょうか？　分かれ道は、「常に即答するか、しないか」——ただそれだけです。

広い世界に出れば出るほど歌がうまい人がたくさんいるように、広い世界に出れば出るほど、チャンスはたくさんあります。

「チャンス＝数値的な成功」

「チャンス＝目に見える夢の達成」

そういう大げさなチャンスも増えるかもしれませんが、もっとささやかなチャンスは日々の中に無数にあります。チャンスとは宝くじでもなく、棚からぼた餅でもなく、ラッキーでもありません。普通の毎日にあるし、一日の中でも何度も起き得る、本当に日常的なものです。

大きなチャンスと小さなチャンスの違いは、実はありません。ただし、まずはたった一回でもチャンスをつかみ、チャンスを生かさなければ前進できないし、次のチャンスも巡ってこないと僕は思っています。その結果として、大きなチャンスも手にできないはずだと。ですから、まずは小さな成功が絶対に必要なのです。

小さな成功を前に進むための手がかりとし、小さな成功を幸せになる種として自分の庭に蒔《ま》くことが、大きなチャンスを手にする方法ではないでしょうか。いいえ、そもそも大きなチャンスとは、小さな成功が寄り集まったものなのかもしれません。

チャンスをつかむにはまず、「どこにでもチャンスはある」と気がつくことです。日常の中に無数のチャンスがあることに気づける目を養いましょう。

世界に出ていけばどのドアも開いていて、たとえば、そこで行われている〝野球の試合〟ではチャンスというボールが絶え間なく飛び交っていることに気づきましょう。入っていく際に、わざわざノックなどいりません。最初から、万人に対してドアは開いているのですから。

小さなチャンスの一つひとつに応えていく。

試合に出て、真っ先にボールに飛びつく。

こうした日々の「即答」が、僕たちを成長させてくれます。

チャンスはまた、常に生まれ、常に動いています。あなたがチャンスと思わないところにもチャンスは生まれているものです。

たとえば初対面の人との会話、初めて訪れる場所、初めて取り組む勉強や仕事など、日々の出来事にはチャンスが潜んでいます。出合った瞬間に自然ます。

とチャンスは生まれ、出来事が起きた瞬間にもチャンスは生まれています。あなたがそれにコミットして行動することで、たちまちチャンスは動き始めます。

しかし「チャンスが来ました！」というサインなどないし、「これがチャンスです」という看板があるわけでもない。目の前にあるチャンスに気づくか気づかないかが、非常に大切です。

野球にたとえると、ボールは常に自分に向かって飛んできており、それがストライクかどうか判断して、なんらかのかたちでミートしようという話です。野球と同じように、仮にボールであっても、「これがチャンスだ！」と見なして思い切りバットを振ることがあってもいいと思います。

結果として空振りするのは構いませんが、そもそもボールが投げられていることに気がつかないで、結果、見逃し三振というのは、僕としてはたまらなく残念です。

さらに、チャンスに気づいて即答するには、好奇心と観察、仮説が欠かせません。好奇心を保ち、よく観察し、チャンスに気づくと同時に、いろいろな仮説を立て、即答するための瞬発力を養っていきましょう。

自分を「ニーズ」に近づける作法

即答力で社会にコミットする

二〇代というのはルーキーで、いろいろ頑張ってやっているようで、実は何をやっているのか、自分でもわからない時期だったりします。僕自身そうだったし、いろいろ自由でいても許される時期だと思っています。

それでも三〇歳を過ぎたら、ぐんと伸びていく人とそうでない人に分かれていきます。豊かな人生を目指すのであれば、自分を〝世界という精緻な機械を構成する小さな歯車〟だと考えてみましょう。そのうえで、自分という歯車を、どう使うかを考えてみるのです。

「歯車になる」というと抵抗を感じる人がいるかもしれませんが、たとえばその機械が、時計だったらどうでしょう。時計というのはごく小さな一つのパーツが欠けても正確な時を刻んではくれません。多種多様な部品や歯車の一つひとつは微細ですが、それぞれにちゃんとした役割があるのです。

世界を構成する一員である以上、僕なら喜んで一つの歯車になりたい。そして、自分にふさわしい場所にカチッと噛《か》み合って、みんなと一緒に世界を動かしていきたいと願っているのです。

「ここが自分にふさわしい居場所だろうか?」と悩み、焦る人はたくさんいると思います。社会構造が多様化し、あまりに細分化しているため、「選択肢があり過ぎて、自分の居場所が見つけられない」という風潮もあるでしょう。また、ほとんどの人は会社なり組織なりに所属して働いています。そうしたところは、自分という個人に対して何を求められているかが、わかりそうでわからないようにできています。だから余計に、自分が何をしたらいいかもわからなくなっているのではないか――僕にはそう感じられてなりません。

自己分析をしたり、自分という歯車のかたちを「小さな歯車だろうか、大きな歯車だろうか」とあれこれ思い巡らしたりするよりも、まずは目の前の仕事なり役割なりを果たすことに集中しましょう。どんなに些細《ささい》なことであっても、仕事とはチャンスです。自分にふさわしい居場所を目指すのではなく、すでにあるニーズに応えることが大事だと思います。「まず自分ありき」という考えを捨てて、ニーズのほうに自分を合わせ、それに即答していくのです。

もちろん、ニーズに応えるのは簡単なことではありません。そもそも今のニーズが何なのか、めまぐるしい時代の流れに紛れて、わかりにくくなっています。

そこで僕が勧めたい心づもりは、普通に一日を過ごしている中で、小さなニーズに応えていくこと。それも、のんびりだらだら応えるのではなく、素早く反応し、即答することです。

まわりの人、さまざまな出来事、めまぐるしいスケジュール、新しいプロジェクト。あらゆる出来事に好奇心をもち、もちろん関心ももってコミットしていくことが大事です。僕にとって、それこそまさに即答力です。即答力とは聞かれたことにできるだけ早く答えることではなく、「常にコミットする」「相手を喜ばせる」というスタンスなのです。

いろんなところにいろんな歯車がはまって動いている世界で、空いているところやニーズがありそうなところ、自分にちょうどよさそうな場所を見つける。自分という歯車を世界という機械の歯車に合わせていく。この繰り返しで、いずれぴったりくる自分の居場所が見つかるはずです。「確実に役立っている」という手応えを感じられれば、深い満足が味わえますし、豊かな人生が開けていきます。

そうやって社会のニーズに自分を近づけていくと、チャンスが増えていきます。その結果、自分という歯車を必要とする人が現れ、別のニーズもやってきて、違う場所の歯車になることもできるでしょう。そのように歯車としての役割に実感をもてるようになれば、自分に対するあらゆる不安が軽くなってくるのではないでしょうか。

根底に流れる感謝と思いやり

即答とは相手を喜ばせること

即答力と注意力、観察力は切っても切れない関係です。察知力といってもいいかもしれません。目の前のことに注意し、まわりを観察することはもちろん大切ですが、背中側で起きていることもちゃんとわかっていることが必要です。「背中にも目がある」という状態に近いかもしれません。

即答力を身につけたいのなら、あらゆる物事に真剣に向き合い、それに応える自分の覚悟も人一倍深くなければなりません。チャンスは万人にあり、気づくか気づかないかの違いであれば、その先は真剣さの勝負ではないかという気がしています。

ここでもう一つ忘れてならないのは、即答の本質です。

即答とは、相手を喜ばせること。もっと広く言うと、目の前の相手を喜ばせ、その連鎖で世の中の人が喜んでくれるという結果につながること。「チャンスに即答する」というとき、それが私利私欲のためであってはいけないということです。

僕たちはみな、使命感、大義のために即答するといってもいいでしょう。もう少しわかりやすく考えるなら、「自分の仕事を通じて、社会の中で役割を果たす」という意識をなくさずに即答するようにしましょう。

たとえば、新鮮な野菜を町に売りに行く村人は、「安全でおいしい野菜を食べたい」という町の人びとのニーズに応え、喜ばせています。単純にカボチャやレタスを売っているように見えても、おいしいものを食べて幸せで健康な人を増やすことで、社会を変える一助となっています。

同じように、不治の病から大勢を救う薬を開発した研究者は、「健康で元気になりたい」という大勢のニーズに応え、喜ばせています。薬の開発はその人の仕事ですが、単なる仕事にとどまりません。その仕事によって、社会を変える一助となっています。

このように、自分ができる限りのことをして、まず相手のために尽くす。それが社会へと広がっていく。自分に何かが返ってくるのはそのあとであり、結果に過ぎません。

「野菜をつくる人と研究者とでは全然違うじゃないか。研究者の仕事のほうがすごいし、お金にもなる」

こんなふうに両者を比べる人もいますが、本質的にどちらも同じだと僕は思っています。誰かを喜ばせることを仕事にし、その仕事を通じて社会を幸せにし、報酬を得るという点ではまったく同じです。

少しの差があるとしたら、どれだけの人に喜んでもらえているかという

「数」だけでしょう。

手づくりの野菜を届けるより、薬を開発したほうが、大勢の人を喜ばせることができます。それに比例して、野菜をつくる人より研究者の報酬が多くなっている、ただそれだけです。映画スター、野球選手といった人たちが、桁外れの報酬を得るのは、彼らの仕事が人一倍、大勢を喜ばせ得るという性質をもっているためです。彼らの仕事こそ素晴らしくて、一般のビジネスパーソンの仕事はとるに足らないということにはなりません。

報酬というのはあくまで結果であり、大切なのはその前のプロセスです。世の中の大勢の人に喜んでもらえることをしたから、お金がたくさん入ってくる、いい生活ができる。あるいは、新しい何かをつくり出すことで、世の中のたくさんの人を喜ばせ、その対価をいただく。これは事実です。ちなみに、報酬の多さが喜んでくれる人の数に比例するのであれば、報酬の多さはたくさんの責任とも比例するのです。それだけの重圧もあることを知っておくべきです。

大前提としては、自分の利益ではなく、誰かの利益でもなく、みんなの幸せを考える。これこそ、本質的な仕事の理念です。

一生懸命に即答力を鍛えるのは悪いことではありませんが、「相手を喜ばせること」という目的をもち、根底に感謝と思いやりがなければ、なんら意味をなさなくなるでしょう。始まりは相手を喜ばせること。仕事のスケールが大きくなり、社会に与える影響が増えれば増えるほど、忘れてはならないことだと思います。

コミュニケーションはキャッチボール

次の問いが返ってくる即答をする

世界屈指のコンサルティング会社で、人事の仕事をしていた方のお話を伺ったことがあります。「どんな人材を求めているのか」というテーマでのお話を僕なりにまとめてみると、自己主張という頑固な押しの部分と、相手を受け入れる引きの部分のバランス感覚がいい人。そんな人が求められているということでした。

これはすなわち、ジェネラルな部分とスペシャルな部分の両方をもち合わせている人がいいということだろうと、僕は感じました。つまり、組織の中で人と調和して仕事ができる部分と、誰にも負けない部分をそれぞれもっているということでしょう。チームワークも個人プレイもその場に応じて両方こなせるということです。コミュニケーションは、一人ではできません。人事の方はそれを「キャッチボールのうまい人材がほしい」という言葉でも表現されていました。

相手のニーズに即答するとき、その答えが豪速球では、キャッチボールにはなりません。相手のミットにうまく届くように、相手が捕りやすい、しかも楽しい気持ちになる、ぴったり合った心地いい球を投げることも、即答力の一部なのです。楽しいはずのキャッチボールに、不快感やストレスがあったら困ります。また、相手が鋭い球を求めるなら、鋭い球を投げなければいけないこともあるでしょう。

即答するというとき、大抵の場合、人は主張するばかりになってしまいます。あるいは何を言われてもＮＯから始まり、「いや、私は違います」「僕の意見は……」と主張してしまいます。これではせっかく即答しても、次のボールが返ってきません。重要なのは、相手がボールをうまく投げ返せるよう慮《おもんぱか》ることです。

人の話を全部きちんと聞ける柔軟性がありながら、センスよく、相手に不快感を与えない程度に、自己主張をする。これこそしなやかで上質な即答力です。

自分の鋭い答えによって会話が断絶、コミュニケーションはそれでおしまいであっては、いくら間髪入れずに答えたところで、何も生まれないでしょう。

思索という「誠実」を忘れずに

「答えられない」と答えるのも即答力

即答力とは常にまわりに気を配り、ニーズを察し、チャンスを捉えてスピーディに反応する力です。

しかしこれはあくまで原則であり、すべてに適用しようとしてはなりません。

たとえば会議やプレゼンのあとで、自分が準備していなかった、あるいは予期していなかったような質問が来たり、答えを求められたりすることがあります。僕たちは不完全な人間ですから、背中に目があるくらいに注意深くあろうと務めても、すべてを察することは不可能です。

そんなとき一番いけないのは、闇雲に即答すること。わかりもしないのに、あてずっぽうでいい加減なことを答える。どこかで聞きかじった借り物の意見で取り繕う。これはいただけない、即答力の悪用です。自分ではうまく凌《しの》いだつもりでも、相手はそのいい加減さをちゃんと見抜いているもので、信用を失いかねません。おざなりな即答によって聞く側の気持ちは一気に冷めてしまい、「もうやめてくれよ」という気持ちになるでしょう。こんな即答では、自らチャンスを捨てているようなものです。

その次にいけないのは黙り込むこと。沈黙、ごまかし、曖昧な笑顔。いたずらに時間を稼ぐのは、その場の全員の時間を奪う、マナー違反といっていいでしょう。

僕が思う最良の策は、「答えられない」と答えるという即答です。「私にはわかりません」という言葉で応えることも、即答の一つです。その件に関して自分は今情報をもっていない、整理していないということを即答するべきです。

「答えられない」と即答する際には、案件にもよりますが「本日中にまとめて報告します」「次の会議で説明します」という期日を明確にした約束の言葉を添えるといいでしょう。こうすれば信頼を得られます。「即答」の効用の一つです。

即答力には瞬発力と同時に正直さが大切です。取り繕わず、正直に真実を答えるという瞬発力。思索と経験という、自分の手で生み出した情報しか提供しないという誠実さが必要です。

「相手が何を求めているか」ということをしっかりと感じ取っていれば、みんながテンポよく進めたい会議でぐずぐずと黙り込んだり、意味のないごまかしの説明を続けてリズムを崩したりはしないでしょう。「即答力」は、自分がリズムに乗ることであるとも覚えておきましょう。

即答というのは、自分をプレゼンテーションすることではありません。意外にここを勘違いしている人が多いので、注意したいものです。

自分をよく見せることでも、アピールすることでもない。相手を思いやることが前提であれば、「とにかく素早く答えればいい」とは思わないはずです。

即答するための反射神経やリズム感、瞬発力を磨くには、あらゆる仮説を立てておくこと。深い思索や経験という入念な準備が必要なことを忘れずにいたいと、僕もときどき自分を戒めています。

あくまで余談になりますが、インターネットの検索は、人々が求めることの、ほぼすべてに「即答」するからこそ、ここまで広く利用されているのでしょう。

Part 2

「即答力」を身につけるには

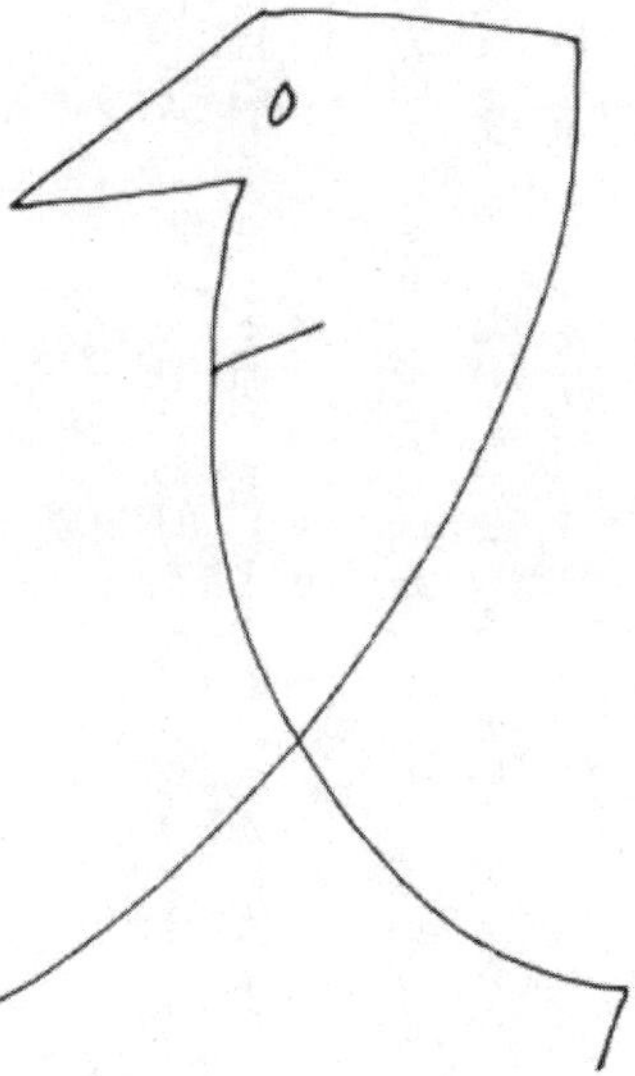

大切なのは、目標よりも習慣

即答力には「準備」が重要

即答力にせよ他のスキルにせよ、「何かを身につけたい」と思うときに大事なのは習慣です。もちろん目標も大事ですが、それよりもはるかに大事なのは習慣だと僕は考えています。

目標というのは、ある種の方向性であり、どこに向かっていくかということです。まったくないのは困りますが、「だいたいこっち」という大まかな部分が合っていればそれでいいと思っています。

しかし習慣は、アバウトでは困ります。自分が大切にしていくべきことが何かをよく考え、具体化し、日々、実践していかなければならないのですから。

毎日いろいろなことが起きるし、いろいろな変化があります。その中で出来事に対応していくとは、感じたり考えたりして、自分が正しいと思うことを実践し続けていくことではないでしょうか。

習慣とは、言葉をかえれば「自分が正しいと思うことをやり続けていくこと」だと思っています。そこにキーワードが結びついたとき、自分なりの習慣の理念ができあがります。僕の場合は「今日もていねいに」。人それぞれ、自分に合うキーワードがあるはずです。

よい習慣は、人に何かしらよい影響を与えるもので、そこからチャンスも生まれるでしょう。逆に言うと、悪い習慣があると、いくら日々努力していても、ふさわしいチャンスが巡ってこないでしょう。

僕が自分の本を通して言い続けていることは、「習慣を変えてみよう」ということであったり、「習慣の質を高めていこう」ということであったり、「日々の習慣を大切にしよう」ということであったりします。「即答力を身につけよう」と目標を掲げるより、「即答力を身につけるには、どのような習慣をもてばよいか」と思索することが、結局は即答力をわがものにする早道となるのです。

即答力が身につけば、チャンスを見逃さずにすみます。そのチャンスには、いろいろな種類があり、どんなチャンスがどのタイミングで巡ってくるかは、人によって違います。

一つのタイプは、今まさに自分が目指しており、準備していることに関連するチャンスがちょうどよいタイミングでやってくる人。

もう一つのタイプは、「せっかくのチャンスだけど、今は何の準備もできていないから見送るしかない」というときに限ってチャンスがやってくる人。

どちらかを選べるのであれば、あきらかに前者がいいはず。自分が努力していることに関連するチャンスが、ぴったりのタイミングで起きることを誰もが願うものです。

しかし現実には、自分に合ったチャンスを呼び込める人と、チャンスとタイミングが合わない人に分かれます。どちらになるかは、あくまでも運なのでしょうか？

僕の考えでは、どちらになるかはその人次第。その人の普段の生活、普段の心持ち、普段の行い、普段の仕事で、タイミングよくチャンスが来るか、そうでないかが決まります。それならば余計に、習慣が肝心だと言える気がします。

目標や「こういうふうに頑張ろう」という誓いも大切ですが、それだけにとらわれてしまうと、習慣のクオリティは上がっていかないし、結果としてチャンスもつかめないと感じられてなりません。

自分という「サイズ」を知る

即答するためのバネをもつ

よき習慣をもって即答力を身につけていく際は、自分のサイズを知っておくことも大切です。

「フルマラソンを完走できるよう、いいトレーニング習慣を身につけよう」と思ったときに、自分の今の走り方、速さ、体力、筋力などを知っておいたほうがいいのと同じことです。

Ｐａｒｔ１で述べたとおり、日々飛び交うチャンスに即答するとは、自分という歯車をちょうどいい歯車にはめていくことです。そのためには自分という歯車の、今のサイズを知っておかねばなりません。

自分は小指の爪ほどの小さい歯車なのに、大きい歯車にはまろうと思っても、大きさや形状が違うのだから、うまく嚙み合うはずがないのです。歯の数が少ない歯車が、歯の数が多い歯車に合うこともない。無理矢理に合わせても、うまくいくことはありません。たくさんある歯車の中で、小さい歯車、大きい歯車、自分に合った歯車を探したほうがいいでしょう。

そこで経験を積み重ねていけば、少しずつ歯車は大きくなっていき、もっと大きな歯車と嚙み合うようになっていきます。まずは自分を客観視し、実力を知ることが大切です。

逆に言うと「自分はこの大きさの歯車だ」と知っていれば、「この歯車ならぴったり合う」とすぐにわかるので、即答できるはずです。

いくら即答しても、一発でパッとうまくいくことはありません。こつこつと小さな歯車を動かしてみても、いきなり何かが完成することはありません。

向こう側の景色が見たいのなら、次第に大きな歯車に合わせていけるように、自分の歯車の大きさを変えることです。自分を知り、その自分を磨くことが、即答するために必要な大きさの歯車となるバネになります。

スピード感と勇気をもって行動する

即答力で先手を打つ

「グローバルな時代に向けて」という言い方は、一〇年ぐらい前まではあり得た気がします。しかし、今の日本はもうすでにグローバル社会であり、グローバルはもはや取りざたする必要もない、あたりまえの〝スタンダード〟になったと言えるでしょう。

その中で働き、暮らし、生きていくためには、即答力が必要です。特に三五歳を過ぎたら、この能力は絶対的に求められると思います。リーダーシップを発揮し、みんなを引っ張っていく、そんな役割になるためです。たとえば、一日の仕事の中には、案件が幾つもあります。一社員でいるうちは、その一つひとつに時間をかけて、じっくりやっていくのもいいでしょう。一方、リーダーは、あらゆる仮説をたくさん立てて、基本的にどんどん実行をしていくスピード感がなくてはなりません。

また、「もっと伸びていきたい、チャンスをつかみたい」という人は、二〇代であっても即答力が必要です。部下など一人もいなくても、自分で自分をリードしなければならないためです。こんな人が即答力を身につければ、人の何倍もチャンスがやってくると思います。

グローバルがあたりまえとなった今、僕は「チャンスとは、見たことのない乗り物のかたちをしている」というイメージを抱くことがあります。

走り出す列車に、ホームを走ってパッと飛び乗る、そんな古い映画のワンシーンを、あなたも見たことがあるでしょう。映画の中の列車はゆったり走っていますが、今の僕たちのまわりで行き交っているチャンスという乗り物は、どれも凄《すさ》まじいスピードで動いています。さらに、列車のように見慣れた乗り物で、線路の上をコトコト走っていくわけではありません。想像のつかないかたちをした乗り物が、飛び乗ったとたん、空に向かって急上昇することもあるはずです。それでも恐れず、飛び乗る勇気を常にもっていること。それが即答力を身につけるための第一歩です。

「操縦の仕方がわからない」
「行き先がわからない」
「ずっと列車に乗ってきた自分には管轄外だから」

誰かからよほど手を引っ張られない限り乗らない、そんな生き方は安全です。また、僕たちの中には保守性もあって、「自分の中の変化が起きず、丹念に同じことを続けていくのがいい仕事だ」と捉えがちです。

しかし時代はすでに変わっています。変化が起きず、同じことを繰り返していたら、いつしかだめになってしまうこともたくさんあります。だからこそ、僕は大事なときに思い切り踏み込めるアクセルワークをもちたい。先手を打つように、何事も自分から先に飛び乗ったり、飛び込んだりしたい。それにはとてつもない勇気が必要ですが、自分を奮い立たせようと決めています。

アメリカの書店業界で屈指といわれる人物も、おつきあいしていて「すごいなあ」と思う他の業種の人も、スピード感と勇気、〝物事に飛び乗る反射神経〟が、とても優れています。さらにまだまだ踏めるというアクセルと、エンジン出力の余裕。圧倒的な瞬発力があり、他の人が「乗るかどうか」と考えている間に、気がついたらその出来事の真正面に立っている。それどころか「もう中身を触っているよ」というほど、素早く深くコミットするのです。

僕の見たところ、他のアジアの人たちと比べても、日本人は今一歩、このアクセル感覚が遅いようです。

これまでの会社組織では、それでも仕事はできるし、物事が成り立っていましたが、今後もこうした出遅れを続けているようではもったいないと思います。アクセルを踏むときに、まわりの動向を見てからという慎重さが一歩も二歩も後れをとってしまうのです。もう一歩先に早く動いていれば、もっと早く物事の核心に触れて、もっと深く仕事に取り組めたはずなのにと。

効率性という話にとどまらない新しいスピード感に対応していかないと、即答力が身につかないばかりか、これからの時代に即して生きていけないと実感しています。

一五分前を基本とする

朝から「即答できるリズム」をつくる

朝早くから仕事を始める。これは即答力を身につけるために大切なことです。

僕は毎日、会社の始業時間の二時間ぐらい前に出社します。みんながすでにいるところに「おはようございます」と入っていって仕事を始めるのと、みんなより一分でもいいから早く来て仕事を始めるのでは、一日のスタートがまるで違います。

即答力をつけるには、常に先手を打つこと。ちょっとでもいいから「早く自分が動く」ということが大事であり、この行為がその場をリードすることにつながります。

たとえばお昼ごはんに出るとき、「みんなが立ち上がって出かけていったから、私も行こうか」というのでは話になりません。小さなことですが、なんとなく流されている感じがします。少なくとも自分がリードしているとはいえないでしょう。まだ誰も動き出していなくても、パッと自分が一人で席を立ってお昼に出るくらいでなければ、即答力は身につきません。

待ち合わせ場所には少なくとも五分前までに着くのが鉄則です。僕が尊敬している人たちは、みなさんとても忙しいのに、早過ぎるぐらい早く来ています。僕は原則として待ち合わせの一五分前には何があろうと絶対に到着するようにしていますが、それでも先に来ているすごい人がいるのです。

一〇分というのは珍しくもありませんが、一五分前であればアドバンテージとなります。余裕をもった一五分とは、ただの一五分ではありません。

念入りに準備したり、確認したり、その用件を自分がコントロールするためのいろいろなことができます。ある程度場所も選べるし、何が起きても大丈夫と自信をもって相手を待ち受けられるのです。

「今」の時間設定を変える

即答力のスピード感覚を身につける

新しいプロジェクトでもいい。家族で何かをやってみることでもいい。語学を習う、マラソンのレースに出場する、テーマは何でもいいのです。人と話をしていて、どんな議題にもついてまわるのが「今」です。

「今、何に興味をもっていますか?」
「今の目標は何ですか?」

僕の理想は、一年先を「今」と考えること。

たとえば、今年の秋に「今の松浦さんの楽しみは何ですか?」と聞かれたら、来年の秋に照準を合わせて答えます。

「来年の計画はどんなことですか?」と尋ねられたら、再来年のことについてすらすらと語れるようにしておきたいと思っています。

もちろん、現在をていねいに過ごすことも大切です。しかし僕は両翼をもちたい。

「今と言ったら来年の話」

今日をていねいに生きながら、こんなもう一つの翼がほしいのです。

なぜなら今僕は、今日の仕事を、来年のための仕事としても常に考えているからです。こんなスピード感をあたりまえのようにもっていたいと願い、そのために努力もしています。

仮説をたくさん立てて、常に先を見て先手を打つようにスタンバイしている。この準備が即答力を強くたくましく鍛えてくれますし、自分を一回り成長させてくれるような気がしています。

即答力は身につければそれで終わりというものではありません。筋肉と同じで、身につけたらより強くしなやかになるよう、負荷を重くして鍛え続けねばなりません。今の時間設定を変えるというのは、準備や思索、計画性や俯瞰《ふかん》する目が必要で、簡単なことではありません。だからこそ、いい訓練になります。

また、変化が激しい今の時代には、そのくらいのスパンの時間設定がふさわしいのではないかという思いもあるのです。来年の今日の自分を常に想定することは、決して特別なことではありません。

好奇心がコミュニケーションの基本となる

即答するべき「チャンス」を見逃さない

ドアは常に開いているし、チャンスは絶えず行き交っていると書きました。それに気づいて即答するためには、なんといっても好奇心が必要です。

好奇心があれば、注意深くまわりを観察するようになります。知らないことも「知りたい」と思えます。どんなことにもコミットしていこうという意欲が生まれます。

好奇心をもち、自分という歯車を世界という機械の中のふさわしい歯車に素早く噛み合わせていくということは、コミュニケーションの基本です。

「自分は何に対しても無関心である」というのは、自分では認めにくいことでしょう。しかし、残念ながら忙しさに紛れ、目の前のことに集中していると、好奇心はだんだんと元気をなくしていきます。「面倒くさいな」「自分はこんなもんだ」とあきらめれば、好奇心は枯れてしまいます。

「自分の好奇心はいつもすこやかに働いているだろうか？」

大人であれば〝好奇心の健康管理〟は、いちばん注意しなければいけないことだと思います。

好奇心があれば、さまざまなことを発見できるし、先手も打てます。つまり、好奇心の先には必ず新しいドアが開いているのです。

目の前をチャンスがどんどん通り過ぎていることに、気がつかない。いろいろなボールが投げられているのにバットをもつこともせず、「運がない」とつぶやく。

そんな悲しいことは、今すぐやめようではありませんか。

常に好奇心をもち、まわりをよく観察しましょう。どんなチャンスがあるかも、誰が助けを求めているかもわかります。そうしたら、自分のほうから近寄って声をかけてみましょう。この繰り返しが好奇心の栄養となり、即答力が身につく〝コミュニケーションの習慣〟となります。

合わせ過ぎない 同調しない

人の目を気にすると即答力は身につかない

講演会やトークショーのあと、質疑応答の時間があります。

「どなたかご質問は？」という司会者の問いに、たくさんの手が挙がる場面はあまり見かけません。誰かがまず質問をしたあとで「他にご質問は？」となると、大勢の手が挙がるシーンのほうが多いでしょう。沈黙を破る最初の一人がいると、「私も質問したい」「僕もこれが聞きたい」と、あとに続く人がたくさんいます。

学校の教室、新しいことへの挑戦、会議での発言。出遅れてしまったり、即答できなかったりする理由は、まわりに同調する部分が大きいためではないでしょうか。

「人と同じ」というのは安心です。まわりに合わせて波風が立たないように行動するのは、日本人の美意識でもあります。「空気を読む」という言葉がありますが、僕たちは多かれ少なかれ、そのときの空気に合わせて行動する文化で育ってきたということです。

しかし、僕はアメリカで即答力の重要性を学んでから、人に合わせ過ぎないようになりました。あえて波風を立てるわけではありませんが、意味なくみんなと同調するよりも、真っ先に立ち上がって行動したほうがいいと、発想の転換をしたのです。

人より一歩早く動き、人より数倍深い好奇心をもち、それによるたくさんの質問をすることは、グローバル時代を生きるために欠かせないツールです。

即答すれば、いろいろな出来事が起きる世界という場において、自分という歯車を強く正確に嚙み合わせていくことができます。一つの歯車ではなく、二つ三つの歯車と嚙み合うことも不可能ではありません。世界という機械の歯車に、自分という歯車がぴったりとはまり、物事が動いていくドライブ感とその迫力は素晴らしいもの。この素晴らしさを、「みんなと同じ」というぬるま湯につかって別世界のことにしてしまうのは残念でたまりません。わが道を進み、真っ先に飛び出すと意識することで、自分自身を変えようではありませんか。

常に問題意識をもつ

ニーズを掘り起こして即答する

たくさんのことが自分のまわりで起きていることは、あなたもうっすらと感じているでしょう。しかし「でも、関係ないし」と切り捨てているのではないでしょうか。

あるいは、問題はいろいろなところにあるとしても、「私の仕事はうまくいっているし、ジャンルが違う」と無関心なのかもしれません。

しかし、一見関係なさそうな問題が、あるとき仕事に結びつくこともあります。何気ない問題意識がきっかけでヒット商品が生まれることもあるはずです。

誰も気がついていない新しい問題に気づくこと。誰も気がついていない新しい問題を発見して、それに即答すること。これが個人としてのチャンスであり、ビジネスチャンスにもなると僕は考えています。

感覚としては、誰も気づいていない、今はまだ見えないニーズを掘り起こしていくということ。僕は問題点について何かしらの気づきがあれば、ちゃんとメモを残すようにしています。

カフェで注文したいのに、なかなかお店の人が来ないのなら、腹を立てるのではなく問題点は何か考えてみる。「お客さんの数に対して店の人が少ないのか」「サービスに慣れていないのか」「やる気がないのか、店の教育が悪いのか」と思いを巡らせます。クレームから新商品が生まれる、新しいサービスができるという話もありますが、「今何が問題なのか」ということをいつも気にするべきだし、「今みんなが心配していることは何なのか」と、いつも気にかけるべきです。

ニュース、朝ごはんを食べながら家族が話す何気ないこと、通勤途中にすれ違った人の表情、仕事をしているときの後輩の様子、取引先の案件。

どこにでも問題点はあり、チャンスがあります。問題点の気づきというのは、二四時間、自分の仕事や生活の中に、無数に散らばっています。そこからニーズを掘り起こし、即答する。大発明が生まれるのはこの姿勢からだと僕は信じています。

常に質問を続ける

即答力を身につける、「なぜ、なに、なんだろう」

即答の根っこには好奇心があり、好奇心があれば物事の深いところまで見ることができます。問題点やニーズを見つけ出すこともできるはずです。

しかし、それだけでは本質に入っていけません。誰にでもできる、本質に入り込んで深くコミットする方法は、実にシンプル。とにかくたくさんの質問を繰り返すことです。

疑問をもつというのは、とても尊く、大切なことです。年齢のせいか、最近の僕は少し収まりましたが、二〇歳ぐらいのときの僕はまさしく〝質問マン〟でした。

「なぜ、なに、なんだろう」

幼い子どもが親や大人を質問攻めにするのと同じです。

外国にいて、英語があまりしゃべれない。人とのかかわりも薄い。自分が何かやっているという手応えもないけれど、そういう自分を打破したいと心の底から願ったとき、「質問するしかない」と思いました。それで僕は質問マンになったのです。

「僕には好奇心がいっぱいあり、いろんなことに興味があり、あなたに関心がある。もっと知りたい」と、相手が辟易《へきえき》するぐらい質問をする。それを繰り返すうちに本質に近づき、自分がコミットする場所が見えてくる。この法則に気がついたのは、しばらくしてからでした。

質問攻めの中で、アイデアが生まれることもありました。新しいことを知った僕が、「自分だったらこうしますが」とアイデアを発信すれば、相手は「へえ、気づかなかったな。やってみよう」と応えてくれて、変化が生まれます。また、質問によって知識を授けられ、自分なりに利用すると、仕事にも生活習慣にも変化が起きます。

「変化が起きる」とは、チャンスを生かして何かを得る最初の実感。自分が何かしら得たという、達成感がある変化が僕は大好きです。

「松浦さんにとっての成功って何ですか?」

こう問われたら、僕は迷わず「変化できたこと」と答えます。数値的なことだけではなく、ささやかでもいいのです。今までなかった新しいものが生まれ、今よりも改善されたことも含めて、すべての変化は「成功」であり、前に進んでいる証拠です。

質問するとは、相手を喜ばせることでもあります。二〇歳頃の僕は人を質問攻めにしましたが、その質問は相手にとっての発見につながり、喜んでもらえました。

この原稿を書き始めた梅雨の頃に僕はボストンに行き、ニューバランス社の開発担当の人と話す機会がありました。いろいろ説明してくれたあと、「質問はありませんか」と最後に言われて、僕は〝質問マン〟に戻ってあれこれ尋ねまくりました。自分をアピールしたかったのではなく、純粋に知りたいことがたくさんあったからです。

相手は喜んでくれました。自分の説明に興味をもたれてうれしかったのでしょう。

「説明したつもりでもすべてを言い尽くせないものです。あなたが聞いてくれたから、いろいろ話せました。本当に説明したかったことが言えた部分もあるし、すごくいい質問をしてくれましたね」

このように、僕の質問が相手にとっての問題提起になる場合もあるし、僕のほうも、「質問することで相手に深くコミットできた」という実感がありました。これも一つの互いにとっての楽しいキャッチボールです。

他にも日本人はいっぱいいたのに、みんなあまり質問をしませんでした。おそらく「こんなことをみんなの前で聞いたら恥ずかしい」という思いがあったのでしょう。僕はみんなに笑われるようなことでも、その先に新しいドアがあると思えばためらわずに尋ねます。いくらでもピエロになれます。

『暮しの手帖』の創業者、大橋鎭子《しずこ》さんは、デパートの地下でもどこでも、人混みができていたら「何でこんな人混みができているの？」と質問する人でした。

素直に、ためらわずに質問する。これも目の前に起きている物事に対してのリアクションであり、即答の一つです。「今、こういうことが起きている」と教えてもらったら、それに対して「何で？」と質問することも即答です。それで答えが来たら、もう一回「どうしてですか？」と聞く、この繰り返しで核心に手が届くようになります。

いろんなことに好奇心をもち、ニーズに自ら噛み合ってくる人のところには、人が集まってきます。逆に言うと、何か話しかけても無関心な人、近づいてこない人、「ふーん」と言って流す人には、次第に誰も声をかけてくれなくなります。

子どもに戻って質問する。即答力を身につけるために、今日からできる習慣です。

「謙虚という素養」を身につける

自分から御輿に乗ってはいけない

素養とは、身に備わったたしなみです。

そして、即答力を身につけるうえで一番大切にしたい素養は、謙虚であることです。

即答力を身につけるとは、真っ先に手を挙げることだと話すと、誤解する人がいます。人を押しのけて前に出ればいいのだと。

そうではありません。そんな心のあり方では即答力は到底身につかないでしょう。仮に身についたところで、メッキのようなものです。すぐにはがれてしまう浅い力に過ぎません。

実力がつき、成功に近づいた優秀な人は、前に出る機会が増えます。メディアに出たり、何かに取り上げられたりすることもあるでしょう。そういう場所で求められるのは即答力であり自己表現なので、そのときは前に出て強い主張をしたり、堂々と意見を述べたりしなくてはなりません。しかし、いつも自分が前に出たがるかといえば、違います。僕の知っている優秀な人たちは、華やかな席ではその実力に見合う、一歩前に出るような振る舞いをし、普段の生活や仕事の場では、打って変わって謙虚です。いつも人に譲り、一歩下がる控えめさをもっています。

なぜなら、彼らには賢さが備わっているから。「目立てば目立つほど消費される」という感覚をもち合わせているのでしょう。

前に出るとは、自分の意思によるものではなく、人から頼まれた結果です。「あなたが中心になってほしい」とまわりから請われ、やむなく御輿《みこし》に乗るという場合がほとんどです。優秀までいかない中間ゾーンの人たちは自ら御輿に乗りたがりますが、本当に優れた人は、「できれば人の陰に隠れていたい」というセンスのもち主です。

人の前に出ていくよりも、どんどん譲る。そうしながらまわりを観察し、自分は、何かあったときに真っ先にダッシュできる位置につけておく。こうした「賢い謙虚さ」を素養とするといいようです。

Part 3

「即答力」を鍛える

情熱と使命感をもつ

社会と自分の距離を縮める

即答力を身につけるばかりではなく、鍛えていきたいなら、方法は簡単です。

ひたすら即答を続けること、これしかありません。

そのためには幾つかの方法がありますが、基本となるのは物事に真剣に向き合い、情熱と使命感をもつことです。逆に言うと、情熱と使命感があれば、どんなことにもすぐに答えられます。

真剣であればいろいろな仮説を考えます。いろいろな情報も自然と集まってきます。「学びたい」という意欲があるので、知識も増えていくでしょう。それならば、たいていのことに即答できるようになるのも不思議ではありません。

そうなると即答する機会が増え、それからしばらくすると、即答できない時期がやってきます。これはスランプではなく、レベルが上がってきた目印。ある程度まで即答力がついてくると、人からの質問やオファーのレベルも変わるし、チャンスのレベルも変わります。レベルが高ければ、今までの自分のままでは答えられなくて当然です。同時に、身の回りに起こる出来事のレベルも上がってくるので、即答できないようなことが増えていきます。

これを自分の刺激とし、「もっと学ぼう」というモチベーションに変えれば、再び即答できるようになります。そのとき即答力の質はぐっと上がっているでしょう。

野球にたとえて言うなら、一三〇キロで飛んできた球を余裕で打ち返していたら、やがて一五〇キロぐらいの球が飛んでくるようになるということ。「この球も打ち返せるようになろう」という緊張感も、人生の楽しみであり、おもしろさであり、わくわくするチャレンジだと僕は考えています。答えなければならないという、情熱と使命感をもって、即答し続けたいものです。そのうちに、社会と自分の距離が縮まっていくことにも気がつくでしょう。いわば、自分という小さな歯車のサイズが、少しずつ大きくなっていくということです。

すべて「自分のこと」として取り組む

核心に触れることが即答のスタンス

「この人は優れているな」と感じ、尊敬している方からは、大いに学びたいと思っています。彼らが実践していることをよく学び、自分に取り入れれば、成長につながります。

「どんな小さなことでも自分のこととして取り組む」

これは優れた人から僕が学びたいと思う姿勢であり、即答のスタンスでもあります。

「一社員であっても経営者意識をもつべきだ」

ビジネスの世界でしばしば言われ、ここで改めて書くまでもないほどスタンダードな考え方です。優れている人とは、仕事の世界のみならず、すべてにこの考えをもっている人たちです。

僕自身は若い頃から独立して仕事をしていたので事情が少し違いますが、あなたが会社員であれば、折に触れて「もし自分が経営者ならどうするだろう?」と考えてみるといいでしょう。

会社で予算の話が出ると、僕は「自分の財布からお金を出すとしたら本当にそうする?」としばしばスタッフに尋ねます。一緒に働く若い人たちにも、何事も身近に考え、自分のこととしてコミットする意識をもってほしいからです。

経営者意識をもっと普遍的に言えば、何事にも当事者意識をもつということでしょう。これは、物事の核心に自分から近寄る努力をするということ。本質に近づくためには即答しなければなりませんから、おのずと即答力も鍛えられます。

即答して本質に近づけば近づくほど、物事に深くかかわることになり、責任が生まれます。自分に責任をどんどん課していくことは、仕事の種にもなり、情熱や覚悟につながります。

仕事に限った話ではありません。悲しいニュースを聞いたら「かわいそう」ではなく、「自分の家がこんな状態だったら放っておける?」と考える。誰かに何かをするときは、「自分がされたらいやではないか?」と考える。社会におけるさまざまなことと自分との距離を縮める努力を続けることが大切です。

「もし……だったら」という仮説をどれだけ考えられるのか。それは常に、今、何をするべきなのかのヒントになります。

自分からおもしろがる

どんな経験もコントロールする方法は「先手を打つ」にある

日々起きることの全部が全部、おもしろいこととは限りません。しかし、それをどうおもしろがるかが、仕事のポイントです。

すべてに対して楽しむ工夫をし、おもしろがる努力をする。何でも楽しくやる方向に、自分の力でもっていく。これがあらゆる場面で重要だと思います。おもしろい、興味深いと思えば、深くかかわることができます。その際に「先手を打つ」ことが、即答力なのです。

たとえば、出された料理がおいしくなかったとして、どう食べるかは自分で決められます。

「まずい、まずい」と不平を並べながら食べるか。「珍しい味だ」とおもしろがって食べるか、「なぜ、こんな味なんだろう?」と興味を抱いて食べるか。

どの食べ方を選ぶか、その「先手」で食事の印象はまるで違ったものになります。

おもしろがるというのは、その経験を自分でコントロールする万能の調味料のようなもので、料理でも、仕事でも、本でも、人づきあいでも活用することができます。

くれぐれも避けてほしいのは、自分から辛《つら》い方向にもっていってしまうこと。文句や愚痴、不満によって、その出来事をシャットアウトしてしまうと、自分のマイナスの感情だけが生まれて、その出来事から何一つ得ることはできません。

もっとこわいな、と思うのは、誰かがおもしろがらせてくれるのを、待ってしまうこと。この受け身の姿勢はスピード感を鈍らせ、先手を打つ即答力からあなたを遠ざけることでしょう。

いやなことがあったとして、楽しむのは無理でも、学びと捉えて、おもしろがることはできる。先手を打って興味をもち、即座に発言することはできる。こう考えると、精神面でも楽になるはずです。

失敗を恐れない

チャレンジから大いに学ぶ

即答するとは、新しい環境や状況に飛び込むことでもあります。即答による化学変化で、新しい仕事の方法を学ぶこともできますし、チャレンジしたぶん、たくさんの失敗をします。

「失敗はこわいもの」

「失敗するのがいやだから挑戦しない」

こんな人は少なくありませんが、僕は反対です。

失敗というリスクは恐れるものではなく、進んで味わうべきもの。リスクこそ、自分を育ててくれる糧になると信じているのです。自分で責任をとれるリスクであれば、数多くのチャレンジをするべきです。

なぜなら、失敗すれば、すんなりいったときより学びや蓄積が増えます。骨身にしみる経験が血となり筋肉となり、傷ついたことでさらに筋肉が強くなっていきます。

大切なのは、失敗の悔しさをバネにして、なぜ失敗したのか、その原因と向き合うこと。理想は、ハイリスク、ハイリターンです。

あなたも失敗から立ち直ったとき、自分のスピード感が上がり、即答力が強まっていることに気づいて驚くかもしれません。次に本気で動いたとき、自分でもびっくりするぐらいの迫力が味わえることでしょう。

それなのに失敗を避け、すべてを無難にそつなくこなすというのは、安全かもしれませんがいささか退屈な生き方です。どれだけの悔しさを味わい、どれだけの失敗と自分が向き合うか。そこに未来があるのです。

失敗にはリスクもたくさんあります。恐怖心をすっかり忘れろというのも無理な話でしょう。失敗がこわくてチャレンジできない人は、こわさを消す努力をするのではなく、こわさを抱えたままジャンプする覚悟をもつしかないと思います。

ビジネスの世界には、失敗を覚悟でチャレンジしなければ乗り越えられない一線のようなものがあります。外国の人と渡り合っていくのがあたりまえの時代、失敗を恐れて足踏みする人や、いつまでたってもリスクを取れない人が成功するのは、なかなか難しいだろうと思います。

失敗しかねないチャレンジには二種類あって、一つは課題自体が難しいもの。

経験がない、前例がない、自分のスキルに比べて難易度が高いというケースです。これには失敗を恐れない覚悟と同時に、日々の努力と入念な準備が重要になってくるでしょう。

もう一つは、競合する人、すなわちライバルがいるもの。

自分が渡り合っていくライバルが、仮に一〇人いるとします。みんなが自分よりはるかに優れていそうでひるむかもしれませんが、よく観察すれば、七人ぐらいは自分と同等の実力という場合が多いものです。つまり、八割は頑張っている普通の人たちであり、僕たちの多くはそこに属しています。力が同じであれば、どう行動するかで違いが生まれます。

しかし二人ぐらいは、どうやっても歯が立たない人がいます。競争したところで負けてしまいそうな、どう見ても圧倒的にすごい人たち。実力もセンスもある、非常に優秀な人はどの世界にも二割くらいはいるものです。彼らを「すごい人たち」と言い続けていたら、いつまでたっても、普通のレベルの八人の中にしかいられません。

二割のライバルにチャレンジするには、相手をよく観察しましょう。彼らは確かに優れていますが、自分とそんなに違うかといえば、実はそうではありません。

八割の普通の人と二割のすごい人の差は、わずかなもの。八割いる普通の人のうち、「ちょっとした努力で、いつでも自分は抜きんでられる」と気づいて努力した人が、二割の優秀な人なのです。それなら努力をし、失敗覚悟で、すごい人たちと肩を並べてレースに出ようではありませんか。観客になってしまったら、何に対してもコミットすることはできません。

三〇代までの失敗は、自分のキャリアの失点にはならず、逆にプラスになる場合がほとんどです。即答する習慣を身につければ、おのずとビジネスにおける反射神経や瞬発力の基礎ができるでしょう。勇気を出してチャレンジし、基礎となる力を鍛えたほうが、ステップアップにつながります。

疑問で自分をアップデートする

現状に満足すると成長が止まる

山を登っていて、以前より高い場所にたどり着いたとします。そこはちょっと開けた場所で、なんとなく達成感があります。雲が近くなり、空に近づいたように感じられます。ふと下を見れば、はるか遠くに麓《ふもと》が見えます。自分がこつこつ登ってきた道も小さく見えています。

あなたは、「ああ、こんなに登ってきたのだ」と満足するでしょう。頑張ってきた自分が誇らしくなることでしょう。

しかし、そこでどっかりと座り込んでしまっては、山を登り続けることはできません。さらなる高みから、違う風景を見ることはかなわないのです。

仕事で経験を積むというのは、山登りと似ています。

ある程度のところまで行くと、実力も即答力もついてきて、自信も生まれます。まわりからの自分を見る目も変わるでしょう。これは成長したという「いいこと」ですが、実のところ諸刃《もろは》の剣です。もっと登り続けたいなら、これまで来た道を振り返るより、前を見ていたほうがいいのです。

「もっとよくしたい」

「これで本当に十分だろうか？」

絶えずこうした疑問をもち、前進することが重要だと、僕は思っています。

仕事の場合は特に、あらゆることに疑問をもたない人は伸びないと感じられてならないのです。完成や完璧はあり得ないからです。

僕はさまざまな仕事をやってきましたが、「現状でＯＫ」とか、「これが一番正しい」とか、「これ以上のものはない」と感じたことは、一度たりともありません。

自分の本の原稿にしても『暮しの手帖』についても、製品としてできあがるともうこわくて見たくないほどです。なぜなら、できあがってしまったものには、もう手を入れられないから。見ればたちまち、文章や内容、レイアウトや写真を直したくなってしまうのです。

「もっといい方法があったのに」とあとからいろいろと気がつくのが常で、おそらくいつまでも直していていいと言われたら、よりよくしようとずっと直し続けるでしょう。自分の判断力や方向性、納得の仕方に対して、疑問をもち続けながらアップデートしていくというのが、僕のやり方なのだと思います。

最高にいいものができたとしても、そこであきらめない。最高を上回るもっと素晴らしいものがあるのではないかという疑問。これはずっと山登りを続けさせてくれる、自分のエンジンになります。

現状に常に疑問を抱けば、さらなる成長が望めます。

僕はときどき、「なぜ、なに、なんだろう」、つまり疑問を感じることを書いてほしいとスタッフに呼びかけます。

その際に書き出した「なぜ」の数が二〇個の人もいるし、五個の人もいるし、一〇〇個の人もいる。その疑問の数が、全社員の中で一番多い人が社長になるべきだと思っています。

なぜなら疑問が多いということは、それだけ会社に好奇心があり、関心があり、興味があり、会社について真剣に深く考えているからです。

僕が人を選ぶ側のとき、履歴書のプラスαとして「会社に対する『なぜ、なに、なんだろう』」をたくさん書いてくる応募者がいたら、すぐに入社してもらいたいほどです。それほど現状への疑問には可能性を感じるし、迫力も感じます。「ものすごい情熱があるだろうな」と感動します。

すべての仕事のその先には、人を幸せにするという使命があります。そのためにはどうしたらいいかまで考えれば、現状に満足することなど、永遠にないとも思えるのです。

仕事という道にゴールはありません。試行錯誤しながらの、終わりのない旅のようなものです。

世界を照らすのは「静かなエネルギー」

口が堅いことが「成功する人」の条件となる

即答力を身につけ、チャンスを生かしている人。
求心力をもち、応援のムーブメントを巻き起こせる人。
彼らに共通する特徴はなんだろうと考えていて、最近ようやく気がつきました。

それは、口が堅いということ。
僕が知っている成功している人、しかもその成功が安定して長続きしている人は、タイプの違いがあっても全員、口が堅いのです。一見、いかにも口が軽そうに見える洒脱《しゃだつ》な人も、実はとてつもなく口が堅い。口が堅いと、無口とは違います。

口が堅いというのは重要で、「人一倍好かれる人の条件とは？」と尋ねられたら、僕は口が堅いことだと即答します。特に「人一倍女性に好かれる男性の条件は？」と聞かれたら、絶対的に口が堅くなければだめでしょう。どんなに見栄えがよく、あらゆることができたとしても、口が軽い時点で、もてる男性失格です。

仕事、異性との関係、横のつながり。すべてにおいて口が堅いに越したことはありません。口が堅いかどうかは、信用にかかわることです。いかなる関係であっても、信用なしに築かれるつながりはありません。

「多くの人とコミュニケーションをとる」

「人とつながって世界を広げ、人生を豊かにする」

そう思ったとき、僕たちは自分から働きかけることばかり考えてしまいます。会いに行き、話しかけ、気の利いたことやおもしろいことを言う。「自己アピールしなければならない、いいことは発信しなければならない」と思い込んでいるふしがあるのです。

しかし、大事な人との貴重なコミュニケーションで知ったことを、誰彼構わず話す、不用意にネットで発信するのでは、あまりいい結果は生まれません。責任ある立場の人の口が軽かったら、秩序は乱れ、収拾がつかなくなるでしょう。

これまでの縦のつながりの世界であれば、責任がある立場の人は限られていましたが、これからの横のつながりの世界に生きる僕たちには、誰にでも同様に責任があります。自分の口の堅さを、今一度確かめるといいでしょう。

口は禍《わざわい》の元というのは本当です。

口の堅さとはまた、誰かに聞いたことや知ったことを胸にとどめて口外しないという意味だけではありません。

何かを知っているからといって「あっ、私にも知識があります」とひけらかさないこと。「僕はこんな経験があります」とこれみよがしに誇示しないということです。

僕が尊敬している本当にすごい人たちは、何でも知っていますが、何でも知っているふうには見えない人たちです。スペシャルなこともジェネラルなことも含めて何でもできるのに、そうでもなさそうに見える人たちです。一歩引き、自分の力を内に秘めていれば、謙虚になれます。また、自分が黙っていることで人に話をさせ、人の話をよく聞くことができるので、知識も増えます。静かに聞きながら観察を続ければ、チャンスがやってくるタイミングを見極める洞察力も身につきます。そして「ここぞ」というときだけ、ずばりと即答できるのです。

もちろん、それなりの自己アピールは必要です。しかし、「もう一度会いたい」と思ってもらえる範疇《はんちゅう》での控えめな自己主張にとどめておいたほうが賢明でしょう。

即答とは、「答え」です。投げかけられた「問い」があって初めてできるもの。自分から問うたり発言したりしているだけでは、永遠に「問い」があることに気づくことはできず、「答える」というチャンスも巡ってきません。

「私がやりたいです！」と名乗りを上げる若い時期があってもいいと思いますが、最終的には「新しいことを始めるときに、この人がいたほうがいい。この人が必要だ」と相手に思ってもらう人物になることを目指したいと思いますし、それが今の時代のニーズです。新しいところに自分が呼ばれるためにはどうしたらいいかを、じっくりと考えねばなりません。

成功している口が堅い人は、黙っていてもパワーがあります。言葉が不要なほどエネルギーに満ちており、会えばぱっと電気がついて明るくなるような人たちです。

寡黙であれ。元気であれ。明るくあれ。太陽のようになろうではありませんか。

「身の丈」のストレッチをする

多少無理をすれば世界は広がる

Part1で、自分という存在のかたちを知り、それが合う場所を探していこうと書きました。

「身の丈を知る」という言葉があり、これは大切なことです。世の中に出て、最初のうちは等身大でいいと思います。

しかし、経験を積み、即答力をさらに鍛える段階では、身の丈のストレッチも必要です。自分の身の丈がどのぐらいかを知ったうえで、ちょっと頑張ったところ、無理したところに自分をもっていく。「これは挑戦だな」という歯車に、自分という歯車を合わせていく。そうすればさらなる成長が望めます。

マッサージというのは心地よいものですが、筋肉を柔らかくし、関節の可動域を広げるスポーツストレッチというのは、しばしば痛みをともないます。しかし、ちょっと無理をしてでもやっていかないと、柔軟性は得られません。自分の枠を広げるのもこれと同じで、多少の無理をして身の丈をストレッチしてみましょう。

いつまでたっても自分の身の丈だけの世界で考え、暮らしていると、それ以上にはなれません。少しずつ広げていけば、それが新たな身の丈となり、自分のベーシックを高めていくことにもなります。成長するためには、ちょっと無理をする部分も必要だということです。

身の丈のストレッチを具体的に言えば、少しレベルの高いことに挑戦すること。

たとえば、中学生が雑誌『ブルータス』を読むというのは身の丈のストレッチです。「絶対にわからない世界だけれど、恰好いい」という憧れがあり、精一杯、背伸びをして『ブルータス』を読めば、センスが磨かれ、成長に役立つでしょう。

これと同じで、自分にとって少しレベルの高い本を読んだり、人と会ったり、難しい仕事に挑戦していくことが、身の丈のストレッチとなります。

「相手にとって大切なこと」を考える

日常の会話からその人の価値観を知る

自分の上司でも、一緒に働くスタッフでも、取引先でも、すべての仕事のその先にはたくさんの人がいます。そうである以上、相手が大切にしていること、心配していることを知ることはとても大切です。その人の価値観に応えることがコミュニケーションだと僕は思っているのです。

何に対しても自分中心で即答すればいいというものではありません。

「即答した結果、いったい何人の人を幸せにできるか？」と考えなければ、スピーディに反応する意味がなくなってしまいます。

相手が喜ぶことは何かを知り、大切にしていること、心配していることを、相手と同じように扱うこと。それにどれだけ自分が応えられるかを瞬時に見極めて即答できる人こそ、本当に優れたビジネスパーソンだという気がします。

相手が大切にしている価値観というと抽象的に思えるかもしれませんが、それは細部にわたり、日常のはしばしに影響しています。

たとえば、あなたの上司が言葉遣いをとても大切にしている人なら、その点にくれぐれも留意し、美しく正しい言葉を使うといいでしょう。

また、取引先の人がひどく心配性だったら、それを知ったうえで、安心できるようなきめ細かいやりとりをするべきです。

身だしなみを大事にする人。時間を守る人。お金のことをきちんとする人。

みんなそれぞれ違う「大切にしていること」を、こちらから察して対応していくといいでしょう。
相手が何を大切にしているかを知る一番の方法は、「Ｗｈｙ」の繰り返し。相手の本質について絶えず「なぜ、なに、なんだろう」を何度も何度も繰り返すしかありません。

会話の中に手がかりはたくさんありますが、やはりそこにはマナーがあり、「何でそんなにお金のことにこだわるんですか」とは聞けません。

世間話をしながらその人を観察し、想像力を働かせたうえで、相手に不快感を与えないように、自分なりに「なぜ、なに、なんだろう」を問いかけていくしかないでしょう。

ある方と会食の機会があり、レストランに行ったときのこと。

とてもいい店で、味は素晴らしいし、店の人の接客も一流です。まわりのお客さまも上品でマナーがよく、僕たちはおだやかに食事を楽しんでいました。

ところが一組のお客さまが店に入ってきたとき、後ろ手でぴしゃんとドアを閉めました。大きな音がして、僕と一緒のその方は、とたんに眉をひそめました。あれ、と思いましたが、すぐに僕たちは会話に戻りました。しかし、食事が終わって店を出たあと、彼は僕にこうささやいたのです。

「あんな立派な人があんなふうに音を立ててドアを閉めるのは、本当にいやですね。なんて下品なのかと思いました」

このひと言で、この方がいやなこと、大切にしていることが浮かんできます。

日常の中にもこうしたヒントは無数に散らばっていて、それを丹念に拾い集めることで、相手の価値観が見えてきます。価値観が見えれば、相手を喜ばせる即答力も身についていくでしょう。

仮にその人の大切にしていることが些細なことでも、妙なこだわりであっても、軽んじてはいけません。たとえ「こんなことが気になるの？」と理解しがたいことでも、その人は悪気があって言っているわけでもないし、生まれ育った環境も影響しているかもしれません。僕たちは一人一人、たとえおかしなことでも、大切にしている独自の価値観をもっているので、お互いさまなのです。

その人の価値観について、自分がどう思うかは別問題。批判するのではなく、ただフラットに「相手が大切にしていること」を尊重しましょう。そこを深掘りしていくことで、その人の本質が見えてくるのですから。

「応援のムーブメント」を起こす

即答力でレベルアップすれば求心力がつく

自分でルールを決めて、自分でこつこつ頑張っていくことは大切です。毎日をよい習慣で整え、着実に積み重ねていく尊さは、何にも代えがたいものだと思っています。

ところが、そんな自分一人の努力で伸びていけるのは、ある一定のところまで。前述したとおり、残念ながらそのあとで必ず行き詰まりがやってきます。

たとえて言うなら、土をひたすら掘っていたら途中まではうまく進めるけれど、あるとき、硬い岩盤に突き当たるような感覚です。地層が変わり、今までのやり方、今までの道具、今までの努力ではどうやっても歯が立たない硬い岩盤が出てきます。

これまでは「ていねいさ」という手掘りで努力してきた人も、手で掘れない地層に突き当たったら、意識を変えるしかありません。違う考え方、違う能力を使い、自分が今まで否定していたようなものを取り入れる必要が出てくるかもしれません。

違う地層に突き当たったとき、重要なことは三つあります。

一つめに大事なことは、人脈。今までのやり方が通用しない岩盤を突破するために必要なものは、自分を助けてくれる人、自分を支えてくれる人、自分を応援し、自分の力になってくれる人です。そういう人がまわりにどれだけいるか。これは、自分の真価を問われることでもあります。

岩盤に突き当たったそのときになって、慌てて応援してくれる人を探すようではいけません。日頃から、自分の仕事ぶりや暮らし方、人生の歩み方で、ちゃんとムーブメントを起こせているかどうか、考えてみるといいでしょう。〝応援のムーブメント〟を起こしていないと、人脈はできません。

応援のムーブメントとは、「顔が広い、挨拶する人が多い」ということではありません。単なる知り合いが百人いたところで、意味がないのです。僕が思うに、応援のムーブメントのもとは信用です。ここで言うムーブメントとは、自分を中心として、周囲が何かに向けて始動する「動き」のことです。自分を信用してくれる人が集まってくるような動きをつくり出すことが大切です。

二つめに大事なことは、組織力。自分のレベルが上がってくると、個人の力ではなく、組織や集団の力を借りないと、掘り進めない地層に突き当たることが必ずあります。これまで個人の力で勝負してきた人も、その先は会社やチームを動かす力が求められます。外部の組織を巻き込む力も欠かせません。人と組織の力を借りて、いかに自分の行動力を大きくするかが大切になってきます。

三つめに大事なことは、洞察力です。これまでのやり方が通用しなくなったそのとき、何が重要かを見極めて行動する能力です。

僕が尊敬している、仕事のスケールでも経済力でも超一流といえる成功した方々はみな、この三つの力で自分の人生を豊かにしているように感じます。

未来の自分はどうあるべきか、誰もがさまざまに思い描きます。そのとき、こんなイメージを抱くといいのではないでしょうか。

あなたは冒険の旅に出かけ、遠い山に近づいていきます。途中に立ちふさがる岩があれば、トンネルを掘って通り抜けます。最初のうちは一人で手掘りでも掘れるレベルですから、自分で掘って進みましょう。自分のルールで努力するのです。

しかし硬い岩盤に突き当たり、違う地層に来たら、いったん止まること。

誰かを呼びに行くのではなく、一ヵ所にじっとしたまま、誰かのほうから来てくれるのを待ちます。黙っていても、あなたを応援するために駆けつけてくる人たちの足音を。

つまり、一人では越えられない地層にたどり着くまでに、人を引きつけ、仕事を引きつけ、チャンスを引きつけることができる求心力を蓄えておくということです。

自分から動かなくてもあらゆるものを引きつけ、あらゆる人に応援されてこそ、次の段階に進める、そんな気がします。

人もチャンスも、元気に即答する人のところに集まります。求心力を身につけ、応援のムーブメントを巻き起こすには、やはり即答力が必要だということでしょう。

ベーシックから本質を見つける

すぐに成果が出ないことを繰り返す

すべてに対して「なぜ、なに、なんだろう」と疑問をもつこと。

これは即答力をつけ、自分をアップデートするために欠かせない営みです。

しかし、次々と新しい事象を追いかけ、それに対して「なぜ、なに、なんだろう」と疑問を投げかけても、本当の力はつきません。

「人より秀でよう」という焦りがある人はたくさんいます。意欲に満ちた若い人であれば、多かれ少なかれそうした傾向があるでしょう。だからすぐに成果が出そうな事象を追い、それに対して即答し、パッと成果を挙げたくなるのだと思います。それは自然なことであり、排除すべきだとは思いません。

しかし、一〇年、二〇年たっても古びない、むしろ輝きを増していく本当の実力をつけたいなら、ベーシックを深掘りして、本質を見つけ出しましょう。

ベーシックとは、日本語にすると「基本」。社会一般では誰でもあたりまえだと思うようなことではないでしょうか。僕が考える「ベーシック」とは、すぐにかたちになることも、結果が出ることも、人にほめられたり評価されたりすることもないけれど、長い目で見ると一番大切なことです。

具体的に「松浦さんの個人的なベーシックは何ですか？」と問われれば、正直、親切、ていねい、笑顔だと答えます。

あまりに基本的で目立たないので、たいていの人はこのようなベーシックをスキップしがちですが、僕が知っているすごい人たちは、ベーシックの深掘りが並外れています。

偶然の出会い、あるいは何かのきっかけで「これ！」と思うことがあったら、それを自分のベーシックとし、とにかく深く学びましょう。自分のベーシックに対して、「なぜ、なに、なんだろう」を繰り返すことが、自分の専門性をもつことにつながります。

いささか乱暴な言い方をすれば、一つのことについて「なぜ、なに、なんだろう」を一〇回繰り返し、それによってわかったことを人にアピールするだけでも、〝スペシャリストもどき〟にはなれます。しかし、それはあくまでも〝もどき〟に過ぎません。

一見あたりまえのベーシックなことに対して、「なぜ、なに、なんだろう」を、日々、無限に繰り返せる人だけが、ジェネラリストでありスペシャリストである、バランス感覚のよい、何でもこなせる人になれるのだと思います。

偏見と否定を捨てる

ポリバレントな人になるために

「心から尊敬できるし、この人からもっともっと学びたい」

僕がつくづくそう感じる成功した方々はみな、偏見がない人たちです。偏見がないとは、否定しないということ。人に対しても、物事に対しても一切、否定することがありません。

「この人は苦手だし、自分の考えとは違う」

「あんな仕事のスタイルは恰好悪い」

成功した方々にはこうした偏見が一切なく、実にすごいことだと思います。彼らがなぜ偏見と否定をもたないかといえば、ニーズという歯車に自分という歯車を使って即答しようと、常に努力しているためでしょう。人、会社、世の中に対して素直に向き合い、必要とあらば役に立とうとしているので、すべてに偏見や否定というフィルターをかけないのです。「どうやったら喜んでもらえるだろうか」と絶えず考える謙虚な姿勢。それは誰に対しても、何に対しても同じです。

成功した方々の中には、いわゆる大金持ちもいますが、彼らは「自分がこうしたい」という我欲をもち合わせていません。

相手、会社、世の中のニーズが優先であり、自分のほうがそれに合わせていく。喜んで一つの歯車になるのです。それが自分の幸せであり、仕事だとわきまえた結果、すべてのことがチャンスになり、あらゆることに即答できるのではないでしょうか。

元サッカー日本代表の監督イビチャ・オシムは、「ポリバレントな選手が必要だ」という趣旨の発言をしています。彼の言うポリバレント（polyvalent）とは、多様な能力のこと。その場でどの力が求められているかを瞬時に察知し、素早く必要な力を提供できるプレイヤーが大切だと述べたのです。「シュートが得意」「ディフェンスが得意」というスペシャリストではなく、求められればどちらもできるのがポリバレントなのです。

僕から見ると、成功した方々はみな、ポリバレントな人たちです。人脈、仕事、生き方、あらゆる面で偏りがありません。

「こんなやり方は私の流儀に合わない」という意地もなく、「こんなつまらない仕事は、私がやるほどのことではない」という狭苦しいプライドもないようです。人から見れば「たかが、そんな仕事」ということであっても、誰かを喜ばせ、必要だとわかれば、偏見をもたずに嬉々《きき》として力を貸します。

なぜなら彼らは、「つまらない仕事をする人間＝つまらない人間」というルールで働いていないから。彼らは、仕事につまらないも素晴らしいもないと知っています。さらに、彼らにはたくさんの能力があるので、小さな仕事に貸した能力は自分のほんの一部。「くだらない」と言われる仕事をやりながら、別の場所では「素晴らしい！」と唸《うな》らせる仕事もこなしているので、「これで自分の価値が決まってしまう」と細かくこだわる必要がないのでしょう。

ポリバレントな人たちは、一見アーティスティックに見えても、非常に味気ない仕事の話も楽しくできます。創作について過激な話もできるし、「事務作業の効率化」という地味な話もできる。だからあらゆるタイプ、あらゆる世界の人と偏りなく同じようにつきあえます。

世の中には、見た目やコメントが個性的でこだわりが強く、アーティスティックな人たちがいます。その中で小さくまとまってしまう人と、大きく羽ばたいていく人の違いは、「自分と違う人、自分と違う考えに偏見を持っているか、否定するか」だと思います。偏見がなく、否定しない人たちは、世の中という精緻な機械に自分という歯車をどう嚙み合わせていくか、絶妙なエッジの調整ができているのでしょう。

自分とセンスや考え方を同じとする一つの世界でも、人は生きていけます。僕はそれを非難するつもりはありません。しかし、できれば自分は、ポリバレントでありたいと努力しているのです。

Part 4

「即答力」を仕事に生かす

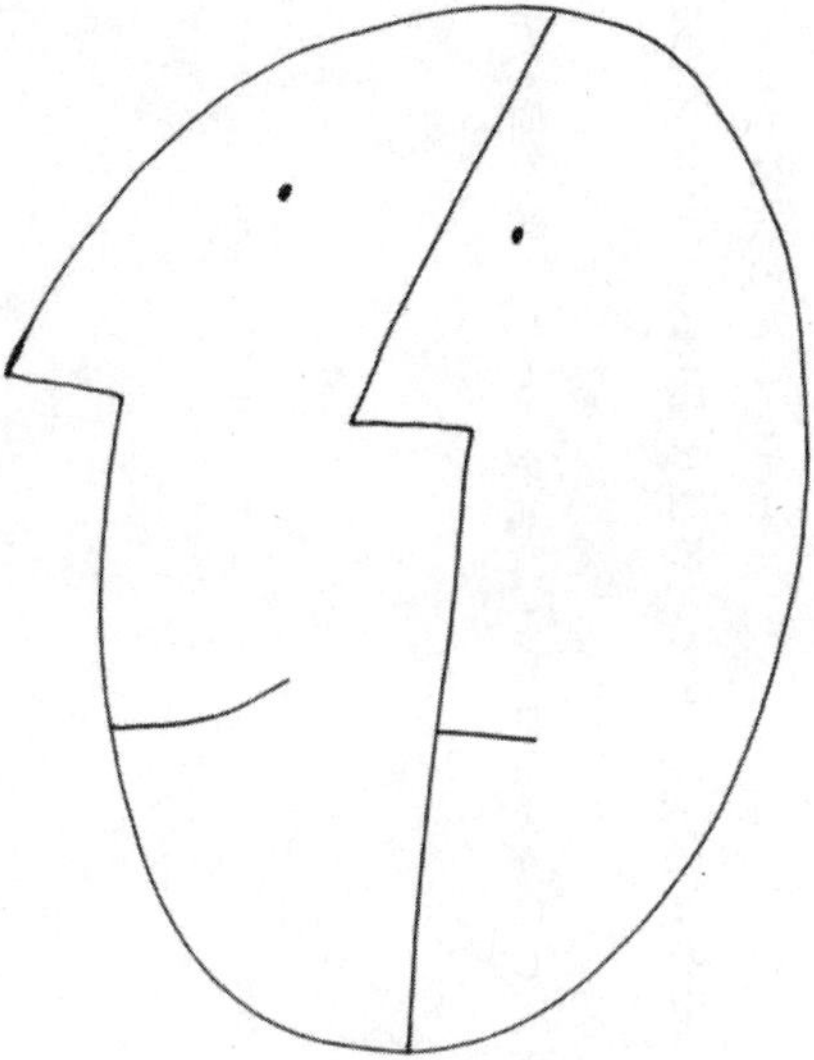

即答という自信と誇り

自分の中に拠り所をもつ

「店に置いてある本について、何を聞かれても全部答えられるようにしておこう」

これは、僕がCOW BOOKSという書店を始めるときに「自分の中で一つのベーシックにしよう」と心に決めたことです。

店内におよそ二〇〇〇冊の本があるとして、お客さまからどの本について聞かれても、即座に詳しく答えることができる。それは今でもプロの本屋としての、僕の誇りです。本のみならず、テーブル、備品、使っているボールペン一本に至るまで、もしもお客さまから質問が出たらきちんと答えられるよう、ぬかりなく準備しておく。これを自分の基本にしているのです。

自分の仕事については完璧に即答する。これは僕にとってビジネスの誇りでもあり、すべてのプロジェクトにおいて徹底させたいルールでもあります。たとえば『暮しの手帖』という雑誌は、僕一人でつくっているのではありません。スタッフや何人もの執筆者、デザイナー、イラストレーター、カメラマンなどの方々の協力を得ています。どの企画にもそれぞれ担当者がいて、個別の案件を進めています。

しかし、どれも完全に人任せにしては、僕は僕の仕事をしていないことになってしまいます。編集長である僕は、誰よりも『暮しの手帖』について考え、知悉《ちしつ》し、何を聞かれてもすぐさま答えられなくてはいけないと思っています。

雑誌というのは、最終的に編集長の決裁でできあがっていきます。僕が判断すべき案件は無数にあり、スタッフはみんな判断を仰ぐために、並んで待ってくれています。逆に言うと、僕が彼らの問いに答えない限り、どんな小さな企画であっても、進めることができないのです。

その意味で、編集長の役割とはみんなを引っ張っていくことです。文字どおり、全体を統轄しなければなりません。

『暮しの手帖』について誰かに聞かれたとき、わかるようにしっかりと答えられない。部下に相談されたときに答えに詰まる。もしそんなことがあれば、編集長という役職にいるべき人物ではないと思います。

僕は「全部即答」という決まりで自分を律しており、「明日答えます」あるいは「あとで言います」という言葉を、これまで口にしたことがありません。一〇〇パーセント、その場で即答です。

なぜ答えられるかといえば、二四時間、三六五日、ほぼ『暮しの手帖』のことを考えているからです。一瞬も休むことなく、『暮しの手帖』をつくるうえで生まれるあらゆる事象にコミットしていこうと決めているから。どうしたら『暮しの手帖』をよくできるか、誰よりも熟慮しているからです。誰よりもよく考えているから、誰よりもいい判断ができる、いい選択ができる。それだけの話です。

僕よりも深く考えている人がいたら、僕はいつでも席を譲るつもりです。今はたまたま僕が、この世界で一番『暮しの手帖』についてコミットしているから、編集長という席に座っているだけだとも思っています。

部下が聞いたときにすぐ答えることは、上司の条件といえます。

上司でなくても、自分がかかわっている仕事については、どんな角度から何を聞かれても即答できるようにしておくというのは、確かな自信につながります。「ああ、自分は大丈夫」という自信は、迷ったときの拠《よ》り所にもなるのです。

仕事に限らず、自分が真剣にかかわっていることに対しては、いつ、誰に、何を聞かれても、即答できるようになりたいものです。

たとえば住んでいる街について、歴史や地理的な特徴、よく咲く花や住んでいる人びとについて、即答できる人は素敵です。そんな人を見るにつけ、「ああ、豊かに暮らしているのだなあ」と、うらやましくなります。逆に言うと、外国に行ったとき、日本の伝統について尋ねられてわからないことがあると、いたたまれないような恥ずかしさを感じることがあります。

自分がかかわることに真剣にコミットする。いつも考え、常に気にかける。ここから即答力が豊かになり、自信が生まれるのではないでしょうか。

もう一度会いたい人になる

横のつながりが人生を豊かにする

「上下関係がある」という前提で、リーダーシップが必要とされる時代が、ずいぶん長く続きました。しかしこれからは、変わってくるだろうと僕は感じています。

縦から横へ。つまり、「横のつながりでのリーダーシップ」もあり得るだろうと思っているのです。

単一的な社会では、縦のつながりでも事足ります。ルールは一つ、価値観も同じ、共通の文化があるという前提であれば、先輩が上になったり、ルールをよく知っている人が上になったり、一番上手にできる人が上になったりというやり方でうまくいきます。

しかしグローバル化した社会では、人によってルールが違い、価値観が違い、文化も違います。そこに上下関係をもち込んだらうまくいきません。比べる絶対の基準がないのだから、お互いの違いを尊重し合いつつ、横でつながっていくほうがいいでしょう。

具体的にいえば、他業種とコラボレーションする、違う部署の人たちと共同でプロジェクトを進めるという場合、横のつながりのリーダーシップが必要とされます。

一緒にプロジェクトを進め、協力し合うには、横のつながりとはいえ、どちらかがリーダーシップを発揮せねばなりません。そんなときは、「この案件については僕がリーダーシップをとり、あのプロジェクトについては君がリーダーシップをとる」というやり方がいいと思います。みんなそれぞれの専門性をもっているのですから、押したり引いたりのバランス感覚をうまく調整していくということです。

横のつながりのリーダーシップを自分のベーシックにすれば、どこにいても自由自在に自分のスキルを発揮する人になれるでしょう。会社にいても個人であっても、それなりの高いパフォーマンスを挙げられる人にもなれるはずです。

これからの時代が求める人材は、そんな人なのかもしれません。

いかにして、横のつながりでのリーダーシップを身につけるか。これは意外に難しく、僕自身がそんなにできてはいないので、もっと学ばなければいけないと考えている課題でもあります。

「人とたくさん会い、人と一緒に何かをする」という部分は、長いこと組織に属さず、フリーランスとして生きてきた僕には欠けています。もう少し社交的にならないといけないと思っているのです。

もっとも、僕が言う「社交的」とは、どこでもフットワーク軽く出かけていって、人とたくさん会うことではありません。夜な夜な会食のスケジュールがぎっしりで、「つきあいのいい人」と呼ばれ、誰とでも楽しく話そうということではないのです。

僕が求めているのは、より本質的な社交性です。

たとえば、人に感じよくお願いする能力を、自分の中で高めていきたい。横のつながりのリーダーシップを発揮できるようになりたい。これが僕の考える社交性であり、そのための努力をしていきたいと思います。

上司が部下に何かを頼むのは縦のつながりのリーダーシップで、一つの組織の中でしか通用しません。しかし社交性があれば、他部署や、横につながっているいろいろな人たちに、とても感じよくお願いできるようになるでしょう。一見図々しいという頼みごとすら、快く聞いてもらえるようになるはずです。

社交的な人の特徴を僕はつねづね考えていますが、ひと言でいえば「もう一度会いたい」と思われる人かどうかではないでしょうか。

頭のよさや才能、何ができる、何ができないという能力とは別に、「もう一度会いたい」と思われるかどうかは、その人のもっている総合力だと感じます。僕は会社で人材を採用する立場ですが、その際も「もう一度会いたいかどうか」は基準となっています。

さまざまな出会いの中で「もう一度会いたい」と思われれば、自分が世界に出かけていかなくても、自分のまわりに世界が広がることすらあり得ると思うのです。

繰り返さない、積み重ねる

今に即答し、具体的にほめる

仕事というのは同じことの繰り返しでできています。毎回、内容は変わったとしても、フォームのようなものはあり、その意味ではほとんど同じことの繰り返しです。

『暮しの手帖』の編集部員やCOW BOOKSのスタッフに対して、僕が繰り返して言うことがあります。

「仕事は同じことの繰り返しだけど、僕らは機械じゃないんだから、それだけじゃすごく残念だし、何の意味もない。だから繰り返しじゃなくて、積み重ねていこう」

積み重ねであれば、同じことをしていても、続ければ続けるほど厚みが増します。仕事のクオリティが高まります。同じフォームでも、その都度その都度、力の入れどころを変えたりして、学びの層を重ねていくことを大切にしたい。「もう慣れたものだ、目をつぶっていてもできる」とおざなりに繰り返すことで仕事をしているつもりになっては困ります。

「繰り返し」にせず「積み重ねる」とは、「今」に即答することでもあります。いつもの毎日、いつもの仕事、顔なじみのメンバーであっても、「今」を観察し、それにていねいに反応していく。それが即答力を生かした働き方だと僕は思います。

たとえば相手をほめる、評価する、お礼を言うとき、「いつもいいね」「君はすごいね」「今日もありがとう」では、即答力を使ったことにはなりません。もちろん、言わないよりは言葉にしたほうがいいのですが、できるだけ具体的にしたほうが気持ちは伝わりますし、相手のモチベーションともなるでしょう。

「よく頑張ってるね」ではなくて、その人が何を、どんなふうに頑張ったか、それについて自分がどれほど感動したかを、できる限り具体的に伝える。感想を述べてもいいでしょう。これは仕事に限らず、人間関係において重要な気がします。

優先順位を入れ替え続ける

柔軟性と判断力が即答の原動力

仕事を進めるうえでは、「優先順位を決めておく」というのは非常に大切です。僕もいつも気をつけていますし、一日のスケジュールはきちんと紙に書き出すようにしています。

しかし、もっと大切なことがあるのを、忘れてはなりません。それは、「いったん決めた優先順位を状況に合わせて変えていく」ということ。

働いていれば、自分が決めたこと以外に、さまざまな用件が次から次へと入ってきます。状況は変わるし、トラブルや緊急事態も発生する。一つの用件が延びることも珍しくありません。常に流動的に変わっていくのが、スケジュールの性質なのでしょう。

優先順位を決めてスケジューリングしなければタスクはこなせませんが、流動的なものに対応していく柔軟性がなければよい仕事はできません。

僕は午前と午後に仕事を分けていて、「午前中の優先順位」「午後の優先順位」をそれぞれあらかじめ決めておきます。さらにスケジュール化もしていますが、何か起きるたびに、その優先順位を再設定しています。

再設定によって、優先順位の二番目にあったものが一番目に来る場合もあるし、三番目のものが一番目になることもある。優先順位の一番だったことを翌日に振り替えることもあります。

「今日はこういう予定で、こういう優先順位だから、ここは変えられません」

この姿勢ではいかなる仕事も成立しません。たとえフリーランスであっても、一人でやれる仕事などないのですから。優先順位というのは常に見直し、つくり変える必要があると覚えておきたいものです。

物事に対して即答していきたいなら、なおのこと、最初に決めた優先順位にこだわってはなりません。即答とは目の前の変化に対応していくこと。仕事の場は変化に満ちています。あらゆることが起きるし、物事はすべて、自分の思いどおりにはいかないものです。

予想外のことに即答し、思いどおりにいかないことにも即答によって対応していく。そのためにも、優先順位に柔軟性をもたせなければなりません。

「即答力を仕事に生かす」とは、上司やクライアントに言われたことに即答をしろという意味ではありません。自分がかかわっているプロジェクトに、即答していくということです。状況を見極め、何を優先するかを考えるのも即答です。そのときのニーズに素早く答えるということです。

自分では「今日はこの企画書を完成させよう」という心づもりでいても、

上司から「この見積書、急いで完成させて」と言われる場合もあります。

会社には、上司に言われたことは、絶対的に優先順位のトップにせざるを得ないというシーンもあると思いますが、僕としてはあまりよくないと思っています。

「はい、やります!」と上司に即答することが即答力ではないのです。自分が抱えている案件の中で、その見積書が今すぐやるべきことかどうかを瞬時に検証し、そのうえでイエスかノーか答えるのが、即答力を仕事に生かすということです。

上司が言うことが絶対ではありませんし、自分の予定が絶対でもありません。そこは客観的に判断する冷静さ、明晰《めいせき》さをもちましょう。

「この企画書は本日中に提出するものです。見積書は来週、クライアントにお見せするものですから、明日までに仕上げればよろしいでしょうか?」

このように、きちんと説明すれば上司にもわかってもらえるはずです。

柔軟性と判断力がないと、即答はできないし、正しい優先順位をもって仕事をしていくこともできないのです。

ミスを素早くリカバーする

素早く顔を見せることが即答になる

いくら入念に準備して、注意を払っても、すべての仕事にはミスが起きます。タイミングを誤ったり、勘違いをしたり、仕事の内容にミスをすることもあります。

僕たちはみな人間なので、必ずミスを起こします。そして、ミスを起こさないようにするより、ミスを起こしたらどうしたらよいかを考えておくほうが現実的です。

ミスが起きたときに人一倍早く立ち直り、リカバリーするのも即答力。ミスを早く発見して次の判断をするのは、仕事において欠かせない能力と言えるでしょう。

トラブルによって具体的な対処法はさまざまだと思いますが、基本となる大事なことは、「相手にできる限り早く、自分の顔を見せる」ということ。電話で謝る、謝罪のメールや手紙を出すのでは、ミスに即答したことにはなりません。取引先ならすぐに駆けつける。同じ社内でもパッとその人の席まで行くことです。

その人の目の前に、生身の自分で素早く向き合う反射神経があるかどうか。トラブルが起きたとき、ひるまずスピーディに相手と顔を合わせられるかどうか。

これこそ、トラブルがこじれて引きずるか、それとも挽回して関係を改善するかの大きな分かれ道になると僕は思っています。

今は何でもメールで処理する時代です。ミスをしたり、トラブルが起きたりすると気まずいので、メールで謝罪をしてすませようとする人もたくさんいます。しかし、どんなに丁重な謝罪文でも、メールで心が伝わることはありません。

「ずいぶん謝っているけれど、メールですむ程度のことにしか思っていない」

相手にそう思われ、ミスを挽回するどころか、あなた自身の評価も下がるでしょう。

結局は何事も「やった人勝ち」「飛び込んだ人の勝ち」です。それが失敗であろうと、渦中に飛び込む勇気があれば、必ず得るものがあります。仮にミスは取り返しがつかず、関係は修復不可能だったとしても、自分にとって学びとなるのです。

「成功の反対は失敗ではなく、何もしないということだ」の言葉どおりということです。

まずは自分を客観視する

リアルな「他者評価」を利用する

あたかも一つの歯車のように、自分という存在を自分で知り、役立てるようにと前述しましたが、こと仕事の場面となったら、できる限りリアルで具体的な「他者評価」も必要です。

「たとえ転職する気がなくても、人材エージェントに登録して、自分が市場でどのような評価かを知っておく」

これは、実業家の本田直之さんの語った記事を読んでいて、すごくいいなあと思ったアドバイスです。

自分の身の丈を知る、自分の能力を知るというときは、自分で考えたり想像したりすることも大切です。しかし、第三者にビジネスとして「あなたにはこんな仕事がありますよ。今のあなたの力では、年収はいくらくらいですよ」と市場価値を判断してもらうのは、自分では決して判断できない客観的な〝自分情報〟を得る方法でしょう。社会の一つの尺度から自分を測られるということですから、高く評価されるかもしれないし、厳しい判断が下ることもあるでしょう。しかし、いいにせよ悪いにせよ、知っておいて損はないと思います。

同じく社会に自分を判断してもらう一つの尺度に、銀行のローンがあります。

「資金を融資してもらうなんて、自分は事業家でもない会社員だから関係ない」と思うかもしれませんが、家を買うときに多くの人は住宅ローンを組み、その際には審査があります。僕もローンで家を購入しましたが、どのようなローンなら組めるのか審査されるときには、感情や慮りなどはまったく含まれず、自分の評価すべてが数値化されていきます。そのときに初めて、「自分がどんなものなのか」を、測られたような気がしました。

いずれも身近なものですから、一度試してみるといいのではないでしょうか。

仕事の目標に「日時」をつける

即答の基本は具体化と数値化

仕事の目標や課題は、誰かから与えられるのではなく、自分のほうから積極的に設定していくことが大前提です。そして、目標の扱い方について大事なのは、すべてを数値化する、つまり日時をつけるということ。

あらゆる仕事は、日時が決まっていないと前進しません。「じゃあ、これを頼むよ」と言われたとき、「わかりました」という人がほとんどですが、「何日までに終わらせます」と即答できたほうが、頼むほうも頼まれたほうも仕事がクリアになります。

あなたが上司に何かを頼まれて、単に「わかりました」と答えたとすれば、上司は「いつやってくれるんだろう?」と不安になります。そこで「明日までに頼むよ」などと念を押すことになるのですが、そうされるとその仕事は、あなたにとって与えられた仕事になってしまいます。自分が主導ではなく、誰かに管理された仕事になってしまうのです。仕事の依頼には必ず日時で即答しましょう。

頼まれた時点で、その仕事の緊急性、優先順位、難易度、自分の忙しさの状況を判断し、「明日の午後一時までに提出します」と即答する。理想的には必ずできる日時を即答できたほうがいいのですが、やってみて無理な場合は、そのときにきちんと説明すればたいていは理解してもらえます。

「やろうと思ったのですが、こういう事情でできなかったので二日延ばします」と。

何か聞かれてわからないときも、「あとで調べてお答えします」では、即答したことになりません。「確認して、三〇分後にご報告します」「本日中にお答えするので、夕方五時頃、お時間をいただけますか？」というように、具体的な日時を添えて答えるといいでしょう。

あなたが常に日時を相手に自分から与えることができれば、それは必ずあなたへの高い評価になります。

打ち合わせの「目的」を決める

無駄なミーティングをなくす最良の策

「この打ち合わせでは何について話し合い、何を決めるか」

社内であれ、外部の人との打ち合わせであれ、僕が注意しているのは、打ち合わせの〝目的〟です。今回の話し合いで何を決めるかを最初にはっきりと宣言し、共有しておくことで、結論を出すべきだと思っています。

仕事をする時間は、放っておくと打ち合わせで占領されてしまいます。会議、ミーティングを含めると、仕事には実に多くの打ち合わせがあります。

しかし、残念ながらそのほとんどは、目的がはっきりしない打ち合わせです。なんとなく集まって、だらだらと話していたら、いつまでたっても仕事は進まないし、打ち合わせ自体がなんら意味のないものになります。
「会議ばかりで、肝心の仕事ができない」
そんな声を耳にすることも、多いのではないでしょうか。

誰の時間にも限りがあり、働いているのであれば、時間がありあまっている人などいません。僕はできるだけ必要最低限のミーティングしか行わないようにしていますし、ミーティングを行うなら、「なぜ話し合うのか」という目的と、「何を決めたいのか」という要点を先に言います。最初に要点を言っておけば、本題から外れたり、ぶれたりせずにすみます。

僕はまた、どんなに短いミーティングでも、必ず議事録をとるようにしています。書記係のスタッフは、できるだけ早く議事録を出すのがルール。その日決まったことをその日確認するから意味があり、一日過ぎたら意味がなくなります。

簡潔にまとまったものを素早く共有したいので、ていねいにまとめた議事録である必要はありません。ワードやエクセルファイルでとったものを、メールで参加者に一斉送信する、このくらいのスピード感がちょうどいいようです。

企画書は「三対七」で

素早く読めるように気遣って書く

企画書や報告書は、どんなに事務的なものであっても、その人のセンスのようなものが表れます。人それぞれのフォーマットがあり、癖があり、なんらかの好みがあるものです。

それは個性であっていい悪いではないのですが、いつも「これを読む相手がいるのだ」と考えることが大切です。

業種を問わず、用紙はA4が基本だと思いますが、びっしり書くというのはいただけません。パッと見て「ああ、たくさん書いてある」と思うと、内容以前のビジュアルで読むのがしんどくなってしまいます。相手にとっての見やすさに注意するべきなのです。

僕自身が企画書などを書くときにいつも気にしているのは、余白と文字の配分を「三対七」くらいにすること。文字は七割程度にとどめ、最低三割は余白が必要だということです。

たかが余白、と思うかもしれませんが、打ち合わせでペーパーが回ってきて、八対二や九対一の見え方をしていると、何が書いてあるのか、要点がよくわからなくなります。これでは素早く内容を把握できませんし、それに対して即答することも難しくなってしまいます。

あらゆることが詰め込んであるということは、書いている当人の中でも要旨が整理されていない可能性があります。これでは企画会議や打ち合わせ自体も、混然としてわかりにくいものになってしまうでしょう。

相手が素早く理解できるよう、見やすさに気遣うこと。複数人で何かを行う際、スムーズに進行するための配慮をすること。これも即答力の一部なのです。

いつだってメモを忘れない

即答の基礎となる習慣をつくる

仕事中はいつもメモを取る。実にシンプルながら、即答力を仕事に生かすための基礎となるよき習慣だと思います。

先日、とても感動したのは、たまたま時間がなくてチェーンのうどん屋さんに行ったときのこと。カウンターサービスで素早く出てくる、よくあるお店です。

働いている人は女性が多く、みな、白衣を着て忙しくしています。注文を受けてから麺をゆで、トッピングをし、会計をするというのはリズミカルな流れ作業ですし、片付けや洗いものもあります。ちょうどお昼時で、店は込み合っていました。

おそらくほとんどの人がアルバイトでしょう。しかし、みんなきびきびとして、見ていて気持ちがいいのです。お盆を持って並びながら、いいなあと思っていた僕は、ふと気がつきました。丼を出してくれた人の白衣の胸ポケットに、小さなメモ帳とペンが入っていることに。偉いな、と感動しました。おそらく、仕事の中での気づきや発見、学びをメモしているのでしょう。たまたま彼女だけがやっているのかと思えば、レジに進むと、会計係の女性の胸ポケットにも、同じように小さなメモ帳とペンがありました。席について食べながらそれとなく見てみると、片付けをしている人、おにぎりをつくっている人、他の人もみなペンとメモをもっていました。

店側から与えられたわけではないのか、みんなそれぞれ違うものをもっています。素晴らしいことだと思いました。こんな言い方は失礼ですが、うどん屋さんのアルバイトでメモを常備しているというのは珍しい。なければないで事足りてしまうでしょう。「この店の人たちの仕事の仕方や、姿勢が素晴らしいのは、これが理由だな」

メモを取るとは、いつでも即答できる備えとして、大切なことを聞き逃さず、蓄積していくということです。数分単位で料理を出していくうどん屋さんでできることが、デスクワークがメインの会社員にできないはずはありません。

あたりまえだけれど大切なことを、改めて教えてもらった気がします。

〃ホウレンソウ〃は自分から

聞かれる前に先手を打つのも即答のうち

「報告、連絡、相談」はどの職場でも、ごくあたりまえに行われています。僕は立場的に〃ホウレンソウ〃を受ける側ですが、残念ながらこちらから声をかける場合が多い。おそらくこれは僕の職場に限らず、どこも同じではないでしょうか。

マネジャーというのは、スタッフに比べるとさまざまなことを先読みしているし、せっかちです。そのため「ホウレンソウを待っているよりも、どうなっているか聞いたほうが早い」と考えます。結果として、マネジャーが、自分のペースで声をかけていくことが普通になっているのでしょう。

これはどうということはなさそうで、実はとても危険なことです。スタッフの側に、「上司に聞かれなければ報告しなくていい。連絡も相談もしなくていい」という意識が刷り込まれてしまうからです。時間と同じで、ホウレンソウも、追われたら追いかけなくてはなりません。だから先手を打ち、自分がホウレンソウを追っていきましょう。

僕が勧めるのは、とにかくホウレンソウも先手を打つということ。「あれ、どうなってる？」と聞かれたら、すでに自分が遅過ぎるというサインです。上司からするとマイナス評価です。聞かれる前にホウレンソウ、これを基本としましょう。

相手が何をどのぐらい必要としているかを察することも大切です。ホウレンソウをする相手と、いつも目線合わせをしておかなければなりません。ふさわしいタイミングに、相手が求めているホウレンソウをしてこそ意味があります。ここを読み違えて、どうでもいいことなのに時間をかけて相談して、相手を困らせてはいけません。

目線合わせとは洞察力であり、自分からコミュニケーションをとっていくことでもあります。適切なホウレンソウを自ら進んでできる人は信頼されます。反応がいいということは誰よりも早く上司という歯車に噛み合わせていくということ。そこで一気に差が出るので評価されるでしょう。将来のチャンスにもつながるはずです。

身だしなみで自信をつける

スタートラインで後れをとらない

緊張しない秘訣であり、自信の源であり、相手への礼儀でもある。

僕にとって身だしなみとは、こうしたことです。身だしなみとは自分を準備することでもあるので、万全であれば緊張もしないし、自信ももてるし、相手に失礼がないと安心できます。

夜と朝にシャワーを浴び、まめに髪を切り、こざっぱりした服を着て、肌と手を清潔に保つ。僕がしているのはどれも平凡なことです。しかし、仕事の場にきちんとした身だしなみを整えてのぞむことで、自分自身も整えている気がします。

「二週間に一度、髪を切りに行きます」

僕がこう言うと、驚く人もいます。しかしこれはおしゃれでも、こだわりでも、趣味や好みでもないのです。身だしなみを整えることで、仕事や生活をしていく中でのスタートラインで後れをとりたくない、ただそれだけです。

仕事ができる・できない以前の話として、笑顔、礼儀作法、言葉遣い、身だしなみは万全にしておかねばなりません。なぜなら、その部分でマイナス点があると、スタートラインに立った段階で後れをとってしまうから。能力に大きな差がない中でスタートが遅れたら、それだけチャンスが遠のきます。

誰でもできることや、どうやっても変化が感じられないことを、人はおろそかにしがちです。しかし、毎日同じコンディションに保つというのは、本当はたいそう難しいことです。一日だけ特別なおしゃれをするより、体調の悪い日や寝坊した朝であっても、まったくそれを感じさせないよう、身だしなみを清潔に凛《りん》と整えることのほうが、実を言えばはるかに難題です。

どこへ出ても恥ずかしくない身だしなみをしていれば、チャンスが訪れたときにいち早く手を挙げる勇気も出ることでしょう。

もう一つ言うと、大切なのは立ち姿です。常にまっすぐに姿勢を正して立つということも身だしなみの基本です。

いつも相手を尊重する

人の名前を覚え、話は決してかぶせない

即答力とは一歩前に出ることですが、人を押しのけて前に出るのでは、即答しないほうがましなほどです。

「即答力でチャンスをつかみたい」

あなたがもし真剣にそう願うのであれば、これだけは覚えておきましょう。すべてのチャンスや運は、人が運んでくるのだと。すなわち、人とのコミュニケーションを抜きに、即答力を発揮しても仕方がないということです。

普段の仕事上のコミュニケーションで、いつも相手を尊重するようにしましょう。

大事なことを具体的に紹介すれば、人の名前を覚えること。

「そんな単純なこと?」と思うかもしれませんが、人の名前を素早くきちんと覚えるだけで、自分の印象も変わるし、相手に与えるものも変わり、いろいろなチャンスも訪れやすくなります。

初めて会った人なら自己紹介にきちんと耳を傾け、さらに名刺を確認したり、わかりにくければ「失礼ですが」と読み方を尋ねたりして、正確に名前を覚える。そして打ち合わせの最中には、「○○さん、そのご意見は参考になりますね」と、ちゃんとその人の名前を呼ぶ。「○○さんの会社ではいかがでしょうか?」と名前を入れて話す。コミュニケーションにおいては基本中の基本と言える大切なことです。

相手を尊重するコミュニケーションでもう一つ大事なのは、決して話をかぶせないこと。相手が何か話そうとしているのに、自分の話をかぶせる、最後まで聞かずに違う話を始めるというのは最悪です。

仕事の場においては、常に聞く側にいたほうが賢いと僕は思います。そうやって相手や状況を観察しながら、「ここぞ!」というときだけ先手を打って即答する。そのほうが思ったとおりのコミュニケーションがとれるはずだと感じます。

メールは短く・早く

即答し合うようなやりとりをする

ファクスもメールもない時代、人びとは文書を相手に送ろうと思えば、手紙を書くしかありませんでした。届けるには郵便を使うわけで、言うまでもなく時間がかかります。

手紙から電報へ、電報からテレックスへ、テレックスからファクスへ、そしてメールができてから、瞬時のコミュニケーションが可能となりました。文字どおりの即答も不可能ではないのです。

このように、メールのメリットの一つに「即時性」というものがあるなら、「長いメールはメールではない」と考えていいのではないでしょうか。

中国、台湾などのアジアの優秀な人たちや、ビジネスに長けたアメリカ人たちとメールでコミュニケーションをとっていて、気がついたことがあります。彼らはメールの使い方がとても上手で、日本人のメールとの一番の違いはごく短いこと。本当に二、三行で用件を書いてきます。

それに比べて日本人のメールは長過ぎます。時折、あまりにも長過ぎるメールが来ると、申し訳ないとは思いつつ、「読む気がしないな」と感じてしまいます。

手紙なら話は別で、いくら長くても喜んで読みますが、メールはあくまでも用件をやりとりするための道具です。そこに情緒や気遣いを一緒に盛り込もうというのは、バランスを欠いているのではないでしょうか。長過ぎて妙に行間を読んでしまって誤解が生まれたり、行き違いで真意が伝わらなかったりするケースもあるでしょう。

スティーブ・ジョブズのメールはとても短く、時には「?」とだけ書いて送信することもあったそうです。それほど極端ではありませんが、僕とよく仕事をしている人たちとのメールを第三者が見たとしたら、「この人たち、仲が悪いの?」と思うくらい、短いものです。メールはそういう使い方で十分なのです。

用件が込み入っているときは、スカイプか電話で話そう、会って話そうというメールを送ることになるので、いっそう短くなります。

「長くなる用件は電話か対面で」を原則にするといいでしょう。さらに「メールは結論を最初に書く」「返事はそのメールを見たらすぐに書く」という鉄則もつくりましょう。メールというスピーディな道具をスピーディに使うことは、ダイレクトに即答力につながります。

日本人のメールが長い理由は、「短いと失礼にあたる」という思い込みと、「できるだけ楽なコミュニケーションを選ぶ」という傾向があるためかもしれません。

短くても礼は欠かないと知り、メール、手紙、電話、フェイストゥフェイスと、さまざまなコミュニケーション手段を使い分けることを学べば、無意味に長いメールは減っていくはずです。どう使い分けるか、そのバランス感覚を養うといいでしょう。

僕のメールが素っ気ないぐらいシンプルでも十分なのは、最初にきちんと顔を合わせているからでもあります。

今は社内でもメールでやりとりをすることが珍しくありませんが、便利な反面、いろいろな意味でストレスの原因になっている気がします。

だからこそ社内であれ、社外の人とのプロジェクトであれ、一つのプロジェクトなり案件を立ち上げるときは、「ファーストコンタクトは、対面で声をかけ合う」というのを原則にしています。そこで顔を合わせていろいろ話をし、確認をしっかりとっておく。スタート時点で意思疎通をはかっておけば、その後は事務的なメールでも事足ります。

これはメールに限った話ではありません。何にせよ、道具というのは自分が主導で使いこなさなければ、便利どころか不便な代物になってしまいます。

言葉のセンスを身につける

即答の道具を磨いておく

言葉遣いとは心遣いである。僕はそう思っています。

正しい敬語、正しい言葉遣いが福を呼び、チャンスを運んできてくれると感じるのです。

即答にも言葉がつきものですし、言葉が相手に与える印象というのは、思いのほか大きいもの。印象が悪ければ残念なことになるし、よければ「すごくきちんとした言葉を使うね」「話し方がきれいですね」という評価につながります。それなら、注意を払って話すほうがいいのではないでしょうか。

若ければ若いほど心がけたほうがいいのは、「流行《はや》り言葉を一切使わない」こと。

「超」「〜みたいな」「何気に」「ぶっちゃけ」「〜っていうか」「〜的」「私的には……」などと言われると、僕は戸惑います。「まともに考えると、これはどういう意味だろう?」とわからなくなってしまうのです。

安易に流行の言葉を使うと、いくら努力して即答しても、人間としての底の浅さが透けて見えてしまいます。やたらと省略した言葉も、避けたほうがいいでしょう。

流行語ではないし、若い人に限らず誰もが使う言葉。だけれど、気をつけなくてはいけない言葉。それはなんといっても、「すみません」ではないでしょうか。

何かお願いするときにも「すみません」。何かしてもらってお礼を言うときも「すみません」。気を遣わせてしまったときも「すみません」。謝るときにも「すみません」。

何にでも使えてしまう便利な言葉だからこそ、「すみません」の代わりにどんな言葉を使うか、自分の中できちんと考えておいたほうがいいでしょう。「お願いします」「ありがとうございます」「恐れ入ります」「申し訳ありません」

日本語には多様な表現があり、すべてを「すみません」で代用するなど、横着なことです。ものぐさで大雑把な人に、適切な即答はできません。

口癖になっている人が多いけれど直したほうがいい言葉は、「とりあえず」。「とりあえず、考えてみます」「とりあえず、用意しました」など、放っておけば「とりあえず」という言葉を一日に何回も聞くはめになります。しかし、とりあえずの考えならやめたほうがいいし、とりあえずの用意では用意のうちに入らないと僕は思っています。

「とりあえず」を「まず」にかえるだけで、どんなにプラスの効果が生まれることか。

「まず、考えてみます」「まず、こちらを用意しました」

いかがでしょう？　言葉一つで相当に印象が変わります。

「とりあえず」には、やらされている受け身の印象があり、「まず」は自分から積極的に踏み込んでいる感じがします。こんな簡単なことなら、今すぐに変えようではありませんか。

言葉遣いとは、生まれ育った環境や親の影響を含めて、本人のセンスの問題です。しかし好奇心さえあれば、たとえ今何歳であってもこれから美しい言葉遣いを身につけることもできるのです。「美しい言葉ってなんだろう？」と、関心をもつかどうかにかかっています。

正しい敬語が使えるかどうか自信がない。正しい言葉遣いを親に教わることができなかった。会社のマナー研修が不十分。

こんな不満を並べていても、美しい言葉遣いは身につきません。今まで誰も教えてくれなかったのなら、これから自分で学べばいい。それだけの話です。言葉遣いは一生のもの。お金を払ってでも学ぶ価値は十分にあります。

「財布は一つ」という意識を変える

新しい働き方を模索する

あなたは財布を、幾つもっていますか？

ここで言う財布とは、収入源です。たとえば会社員なら、収入源は会社からの給与なので、財布は一つとなります。長いこと、これがあたりまえの時代が続いていました。

しかし、これからの時代の新しいあたりまえでは、財布は一つとは限りません。違う生き方、違う仕事の仕方もあると思っています。昔に比べたらだんだんと可能性が広がってきているのは確かですし、社員が他の仕事をすることを認める会社も今後は増えてくるはずです。

会社によっては規則もありますが、ルール違反にならないやり方もいろいろあると思います。

たとえば、会社に勤めて給料が入ってくる財布が一つ。会社以外のところで自分がビジネスをする財布が一つか二つ。こんな考えをもってもいいのではないでしょうか。二つめの財布は、何かの投資でもいいかもしれないし、アンティークの売買でもいい。文章を書いて小説家になるという財布もあるでしょう。

複数の財布をもつと、二つの利点があります。

利点の一つは自分の中でバランス感覚を養えること。違う意識、違う視野をもって、違う仕事をコントロールしていく。ここから自分の未来が広がっていきます。

もう一つの利点は、たとえ一つの財布がだめになっても、もう一つの財布で食べていける強さを備えられること。変化の時代、一つの財布だけに頼るほうが危険ともいえそうです。

複数の財布をもつことで、自分には何ができるのか、新しい可能性を探ることもできます。少しハードルは高いかもしれませんが、身の丈のストレッチとしてやってみるといいでしょう。財布が一つでなければいけない時代はすでに過去のものです。

Epilogue

チャンスを逃さないために

チャンスを常に連鎖させていくこと。これこそ成功だと僕は思います。

チャンスを連鎖させるためには、成功＝実績というきっかけが必要です。

「成功がチャンスを呼ぶ」という言葉は本当です。

実のところ、きっかけが一番、難しい。最初の実績は、チャンスがないところでつくらなければいけないという大変さがあるものです。

実績がないとチャンスの連鎖が起きません。しかし、その実績にはスケールの大小は関係ありません。だったら、最初の一歩はごく小さくていいのです。

最初の小さな一歩を必死になって自力でつくりましょう。自分の力で歩きながらも協力者が現れたり、誰かが応援してくれたり、最終的には相手から集まってくるようになるのは、もう少し先の話。最初の一歩は、いつだって「自分から」です。

あくまでも、これは僕の経験ですが、最初の一歩となる実績をつくるには、人がいやがる仕事、人が面倒くさがる仕事、人が見向きもしない小さい仕事を進んで引き受けることです。「誰でもいいからやってくれ」と声がかかったとき、即答することです。

そこで小さな成功を収め、最初の実績をつくる。その実績を踏み台にしてスタートすることが、たいそう大事だという気がします。

一〇代の頃にしていたアルバイトで、些細な用事を頼まれたときでも、必死になって即答したこと。これが僕のスタートです。このときに即答することで信用が築けることを知りました。

「日本では手に入らないビジュアル本を読みたい」というニーズに即答したこと。

文章を書いてほしい、編集長になってほしいという思いがけないオファーに即答したこと——こうした幾つかの「即答」が、僕の人生をつくってくれたのだと思います。

成功とは、たくさんお金を稼ぐとか、名声を得るということではありません。小さなチャンスを連鎖させて大きなチャンスにし、自分の人生を、どれだけ社会に役立てられるかという豊かさを味わうことです。

もしも僕が今二〇代であれば、今一番人がやりたがらない仕事を率先してやるでしょう。人がやりたがらないことに、誰も気づいていない新しい問題や、手つかずのチャンスが眠っていると思うから。競争も少なく、自分がすぐに出られる試合があるなら、参加しない手はありません。

それは出発点であり、ゴールではないのですから、「こんな仕事をやっても意味がない」「自分に向いていないのではないか」と思い悩む必要もないでしょう。迷わずやればいいのです。

まずは実績をつくって動き出さなければ、チャンスを逃してしまいます。チャンスを見つけなければ、チャンスに即答することはできません。

世界の人たちを見ていると、日本人のようにぼんやりしてはいません。もっとアグレッシブかつ積極的に、自分という歯車を社会という機械の歯車に嚙み合わせ、エネルギーを生み出すように役立てる、「即答の準備」をしています。

即答という姿勢をとれば、失敗もしょっちゅう起きます。ミスをして恥をかいたり、怒りをおぼえたり、逆に叱られたりすることもあるでしょう。しかし、それで終わりではありません。新しいチャンスは次から次へと現れ、それに次から次へと即答していけばいいだけの話です。

失敗しても引きずらない。
損をしてもこだわらない。
次から次へとチャンスに即答する。

次から次へと物事を進めていくスピード感を忘れない。

こうした心構えがあれば、多少の失敗など気にならない、大きなスケールで走り出せるのではないでしょうか。

誰も初めから、速く走り、スムーズに動けたわけではありません。そのための下地となるトレーニングを行い、初めて「反射神経」というスキルを手に入れるのです。

さあ、勇気を出して、試合に出ましょう。プレイヤーになって「おーい、やってみようよ」という声に即答しましょう。
世界のゲームはもう、始まっているのですから。

文庫版あとがき

「さて、君はどうするんだい？」

僕はこの自問に即答することで、これまでの道を歩いてきた気がします。

『暮しの手帖』という伝統ある雑誌の編集長にと、声をかけていただいたのは四〇歳になろうというときでした。書店を営み、文章を書いていたとはいえ、出版界では素人。会社という働き方も初体験です。途方もなく大きなチャレンジではありましたが、「はい」と即答する自分がいました。

毎日が試行錯誤。失敗もたくさんしましたが、自分ができることを、精一杯ていねいに続けていくと決めていました。幸い、応援してくださる読者の皆さんや、一緒に頑張ってくれるスタッフもいて、少しずつ、手応えを感じるようになりました。自分なりの成果も出せたと思います。

ところがある日、気がついたのです。

いつのまにか、わくわく、どきどき、していない、と。

あんなに冒険だった雑誌づくり——どうしていいのか途方に暮れそうだった未知なる道が、いつのまにか見慣れた通勤路になっていました。経験を重ねることで、確かに、困ることが減り、「これをやれば、こんな結果になる」という予測もつくようになりました。失敗は減り、打率は上がり、ビジネスとしてはよいことが多いように思えます。

しかし、これまでの経験と実績の運用で、仕事をこなしていく感じは否めません。そう悟ったとき、また、あの問いがやってきました。

「さて、君はどうするんだい？」

これは自分の心の声なのでしょう。僕は四九歳になっていました。

四〇代というおよそ一〇年をずっと歩いてきた出版界の道はまだ続いていましたが、当然ながら、別の道もあります。五〇歳を目前にして、「新しいことにチャレンジするなら、これが最後のチャンスだな」と思いました。五〇歳を迎えてしまったら、自分はもう動かず、ひたすら一つの道を歩いて行くことになるだろうと感じたのです。年齢を重ねることで、相応に体力も衰えていくはずだし、別の道を行くなら、今しかないと考えました。

しかし実のところ、こうした理由は後付けです。

「未知の道を行く。わくわく、どきどき、していたい」

僕は、心の声に即答していた。一年たった今、そう感じます。

即答力は鍛錬に似ていて、準備とは違うものです。

たとえて言うなら、いつでも試合に出られる体をつくることであって、道具やウェアをこまごま用意するわけではない。その試合がラグビーなのか野球なのかフェンシングなのかはわからないけれど、何かあればさっと試合に出られるコンディションをつくっておく。そんなニュアンスです。

二〇一四年の一一月に辞表を出したとき、「何の試合に出るか」はまったくの空白でした。ただ、「今までやったことのないことをしたい」「知らない世界を見てみたい」と心に決めていました。出会いがあり、門外漢だったインターネットの世界に飛び込むことになったのは、そのあとの話です。思わぬ誘いに即答し、二〇一五年の四月には、新入社員としてクックパッドの一員となりました。

当時の僕にとってITとは、「すごい」と思っているけれど、さっぱりわからないもの。いわばアドバンテージゼロで、どうなるかはわかりません。ただ確実なのは、そこに行けば「わくわく、どきどきできる」ということだけでした。

日々の仕事や暮らしに、意思決定は必要不可欠です。チャンスを生かしたいなら、即答しなければなりません。そして何より大切なのは、あきらめずに、自分の心の声に即答すること。未知なる道を歩む僕は、新しい景色の中に自分を置くことで生き生きできるんだ。そう確信しています。

さて、あなたはどうしますか？

二〇一六年五月　松浦弥太郎

即答力《そくとうりょく》
朝日文庫

2016年6月30日　第1刷発行
2020年7月30日　第4刷発行

著　者　松浦弥太郎《まつうらやたろう》

発行者　三宮博信
発行所　朝日新聞出版
〒104-8011　東京都中央区築地5-3-2
電話　03-5541-8832（編集）
03-5540-7793（販売）

印刷製本　大日本印刷株式会社

Published in Japan by Asahi Shimbun Publications Inc.
定価はカバーに表示してあります

ISBN978-4-02-261861-0